DÉPARTEMENT DU BAS-RHIN.

ARRÊTÉ

PORTANT

RÈGLEMENT GÉNÉRAL POUR LA CULTURE DU TABAC

en 1864.

STRASBOURG,

IMPRIMERIE DE VEUVE BERGER-LEVRAULT.

ARRÊTÉ

PORTANT

RÈGLEMENT GÉNÉRAL POUR LA CULTURE

DU TABAC

en 1864.

Nous Préfet du département du Bas-Rhin, siégeant en Conseil de préfecture, où étaient présents MM. Michaux-Bellaire, Brackenhoffer, Daviel et Traut, conseillers;

Vu la loi du 28 avril 1816, chapitres 2, 3 et 4 du titre V;

Vu la loi du 12 février 1835 et celle du 3 juillet 1852;

Vu la décision de M. le Ministre des finances, en date du 27 octobre 1863, de laquelle il résulte :

1° Que le département du Bas-Rhin est autorisé à planter de tabac, en 1864, pour l'approvisionnement des manufactures impériales, une quantité de 3330 hectares de terre, non compris le cinquième en sus toléré par la loi, et qu'au moyen du produit de la récolte de ladite année, il devra fournir un contingent de 6,000,000 kilogrammes;

2° Que les prix auxquels la Régie prendra livraison des tabacs, sont fixés ainsi qu'il suit, *sauf une allocation de 10 francs par 100 kilogrammes pour les tabacs de surchoix:*

1re qualité, les 100 kilogrammes, 130 fr.
2e — — — 100
3e — — — 70

Tabacs non marchands, — de 60 à 10 fr., en descendant de 10 en 10 francs.

3° *Que les prix des 1*, 2* et 3* qualités seront appliqués exclusivement aux tabacs fins, légers et combustibles, et que les tabacs grossiers, communs, d'espèces abâtardies, devront être rejetés dans les classes nonmarchandes;*

Vu l'arrêté réglementaire du 26 novembre 1862, sur la culture de l'année 1863;

Vu l'arrêté du 5 octobre 1863 relatif aux déclarations pour la culture de 1864;

Après avoir pris l'avis de deux des principaux planteurs de chaque arrondissement, et de M. le Directeur des tabacs;

Celui du Conseil de préfecture entendu;

AVONS ARRÊTÉ ce qui suit :

CHAPITRE PREMIER.

DÉCLARATIONS ET PERMIS DE CULTURE.

SECTION PREMIÈRE.

Des déclarations de culture.

ARTICLE PREMIER.

Contingent.

Les quantités de terre qui pourront être plantées de tabac, pendant l'année 1864, dans le département du Bas-Rhin, pour l'approvisionnement des manufactures impériales, sont réparties entre les quatre arrondissements, ainsi qu'il suit :

Arrondissement de Strasbourg.... 900 hectares;
  —   de Schlestadt..... 2200 —
  —   de Saverne...... 40 —
  —   de Wissembourg . 190 —

        Total.... 3330 hectares,
non compris le cinquième en excédant que tolère l'article 193 de la loi du 28 avril 1816.

Superficie des pièces.

La contenance des pièces de terre cultivées en tabac ne doit pas être au-dessous de 20 ares, conformément aux dispositions de l'article 180 de cette loi.

Toutefois, par exception et conformément à la décision ministérielle du 9 septembre dernier, prise en exécution de la loi du 22 juin 1862, il pourra être planté du tabac sur des pièces d'une contenance inférieure, pourvu qu'elles ne soient pas au-dessous de 5 ares et que l'ensemble de la culture déclarée et autorisée représente au moins 10 ares dans la même commune.

Nombre de pieds par hectare.

La quantité de pieds par hectare cultivé, sera de 33,000 à 40,000 en principal, non compris le cinquième de tolérance mentionné dans l'art. 193 de la loi du 28 avril 1816.

ART. 2.

Circonscription de culture.

La culture du tabac pour l'approvisionnement des manufactures impériales n'est permise, en 1864, que dans les communes désignées au tableau qui fait suite au présent arrêté.

Elle pourra d'ailleurs être interdite dans les communes où il n'aura pas été planté, en 1863, au moins un hectare, et elle ne sera autorisée dans aucune nouvelle commune, où les déclarations n'atteindraient pas également le minimum d'un hectare.

ART. 3.

Cultures illicites.

Dans le cas où des personnes se livreraient à la culture du tabac, soit dans d'autres communes du département, soit dans celles désignées, mais sans en avoir obtenu l'autorisation, il serait dressé contre elles procès-verbal de contravention à l'art. 189 de la loi du 28 avril 1816, et elles encourraient l'application des dispositions pénales de l'art. 181 de ladite loi, portant que les tabacs seront détruits aux frais des cultivateurs et que les contrevenants seront, en outre, condamnés à une amende de 50 francs par 100 pieds de tabac, si la plantation est faite sur un terrain ouvert, et de 150 francs si le terrain est clos de murs, sans que cette amende puisse, en aucun cas, excéder 3000 francs.

ART. 4.

Déclarations de culture.

Les dispositions spéciales de notre arrêté du 5 octobre 1863, qui a fixé l'époque et le mode des déclarations de culture pour 1864, la désignation des lieux où elles doivent être reçues et les agents chargés de les recevoir, sont maintenues.

Ledit arrêté est annexé au présent.

ART. 5.

Conditions d'admission.

Ne seront admis à planter du tabac que les cultivateurs qui en auront fait la déclaration préalable, auront justifié de la jouissance, comme propriétaires ou fermiers, des terres déclarées, et fourni une caution reconnue solvable, le tout dans la forme prescrite par l'arrêté spécial cité à l'art. 4.

La caution sera soumise, conjointement et solidairement avec le planteur, à toutes les obligations imposées à ce dernier et spécialement à être poursuivie :

1° Pour toute espèce de fraude ou de contravention dont le planteur se serait rendu coupable relativement à sa culture ;

2° Pour les quantités manquantes aux charges du planteur et ce, dans la forme prescrite par l'art. 200 de la loi du 28 avril 1816.

Obligations générales imposées aux planteurs.

Les cultivateurs autorisés à planter du tabac seront tenus :

1° De conduire ou de faire conduire les employés du service de la culture sur les pièces de terre déclarées lorsqu'ils se présenteront, soit pour reconnaître ces pièces, soit pour procéder aux vérifications de culture, et d'assister à leurs opérations ou de tenir pour valables celles faites en leur absence, après avoir été dûment invités à y assister ; de se soumettre en tout temps aux exercices des mêmes employés et de leur donner entrée, à toute réquisition, dans leurs séchoirs, magasins, maisons d'habitation et autres parties de leur domicile, depuis le lever jusqu'au coucher du soleil ;

2° De ne cultiver en tabac que les pièces de terre déclarées et pour lesquelles le permis de culture sera accordé, sous les peines prononcées par l'art. 181 de la loi du 28 avril 1816, indépendamment de la privation du permis de culture pour l'avenir (art. 195 de cette loi) ;

3° De planter, sous peine d'interdiction pour l'année suivante, au moins les quatre cinquièmes des quantités autorisées, si ce n'est dans des circonstances extraordinaires, indépendantes de la volonté du planteur et dont ce dernier devra faire la déclaration à la sous-préfecture de son arrondissement avant le 1er juillet;

4° De représenter fidèlement à la régie la totalité de leurs récoltes, sous peine d'être privés à l'avenir de la permission de cultiver et de payer chaque kilogramme de tabac manquant à leurs charges, au prix de quatre francs (art. 182 et 199 de la loi);

5° De conduire les tabacs de leur récolte au magasin de la régie qui leur sera indiqué;

6° Et généralement de se conformer à toutes les dispositions réglementaires du présent arrêté, sous peine d'interdiction, en cas de contraventions régulièrement constatées.

ART. 6.

État n.° 2.

Les relevés n° 2 établis dans les bureaux de la préfecture et des sous-préfectures sur les registres de déclarations (modèle n° 1) seront remis avec tous ces registres à M. le Directeur des tabacs, afin qu'il y consigne son avis et nous en fasse le renvoi, en y joignant les documents propres à éclairer les commissions chargées de la délivrance des permis.

SECTION II.

Convocation des commissions. Délivrance des permis.

ART. 7.

Réunion des Commissions.

Les Commissions instituées par l'article 2 de la loi du 12 février 1835 pour la délivrance des permis de culture, se réuniront aux lieux et aux jours que nous indiquerons.

Ces Commissions seront composées, aux termes de la loi, du Préfet ou de l'un de ses délégués, Président, du Directeur des douanes et des contributions indirectes, du Directeur des tabacs ou de l'Inspecteur de la culture et des magasins, d'un membre du conseil général et d'un membre du conseil d'arrondissement, résidant dans l'arrondissement, non planteurs et désignés par ces conseils.

ART. 8.

Attributions des commissions.

Les Commissions pourront, d'après les renseignements fournis par M. le Directeur des tabacs ou par M. l'Inspecteur de la culture et des magasins, réduire l'importance des déclarations ou prononcer le rejet de celles qui auront été faites :

1° Par les déclarants qui n'auront pas justifié de leurs titres de propriétaires ou de fermiers, de leur solvabilité ou de celle de leur caution, ainsi qu'il est prescrit par notre arrêté relatif à la réception des déclarations ;

2° Par les planteurs à la charge desquels il a été rédigé des procès-verbaux judiciaires ou administratifs pour contravention à la loi ou aux dispositions du règlement de culture ;

3° Par les cultivateurs qui, ayant été admis à planter du tabac en 1863, n'auront pas, sans motifs graves et indépendants de leur volonté, effectué au moins les quatre cinquièmes des plantations autorisées ;

4° Enfin, par les planteurs qui, pendant trois années consécutives, et sans accident dûment constaté, auront obtenu de leur récolte un prix moyen inférieur de 10 p. 100 à la moyenne payée pour l'ensemble des tabacs de l'arrondissement.

Retrait des permis.

Les substitutions de nom ou de personne sont défendues. Si des contraventions de cette nature étaient reconnues avant la transplantation, elles donneraient lieu au retrait des permis ; si elles étaient découvertes plus tard, les plantations effectuées seraient considérées comme illicites.

Il sera toutefois fait exception dans le cas où les plantations d'un cultivateur autorisé passeront en d'autres mains par suite de vente, échange, location, par actes authentiques ou héritages, entre l'époque de la délivrance des permis et celle de l'entière livraison ou exportation des tabacs. Le nouveau propriétaire devra le faire connaître aux employés de la culture du poste le plus rapproché, par une déclaration écrite, signée de lui et appuyée des justifications prescrites et fournir caution solvable ; au moyen de quoi, il sera porté aux lieu et place du précédent propriétaire, dont la caution sera dégagée.

Les permis accordés pour la culture de 1864 pourront encore être retirés ou retenus à tout planteur qui, après la séparation des Commissions, n'aurait pas livré intégralement sa récolte précédente, ou à la charge duquel il aurait été constaté une contravention.

Changement de pièces déclarées.

Si, par des événements de force majeure, le cultivateur se trouve obligé de planter sur des pièces de terre autres que celles déclarées, il sera tenu, avant de commencer sa plantation, de représenter au bureau du contrôle de culture de sa circonscription le permis qui lui aura été délivré et sur lequel il sera fait annotation des changements demandés, après toutefois que les justifications exigées par l'art. 3 de notre arrêté relatif aux déclarations auront été produites. Faute d'avoir rempli cette formalité, le planteur se trouverait en contravention à l'art. 180 de la loi et il en serait dressé procès-verbal.

ART. 9.

Clôture des états n° 2.

Les commissions, après avoir statué sur les déclarations de culture, arrêteront les états n° 2 rectifiés en conformité de leurs décisions et les signeront.

Un exemplaire desdits états sera remis à la Préfecture ou à MM. les Sous-Préfets avec les registres des déclarations et un autre exemplaire au directeur.

Le Préfet et les Sous-Préfets feront ensuite remplir dans leurs bureaux les formules d'autorisation pour les pièces de terre dont la culture aura été autorisée.

Les ampliations des déclarations non admises resteront attachées à la souche.

Les permis accordés seront immédiatement envoyés aux Maires des communes chargés d'en faire la remise aux planteurs, qui devront, à toute réquisition, les représenter aux employés.

ART. 10.

Délivrance des permis.

La remise des permis de culture par les Maires sera effectuée au plus tard dans les cinq jours qui suivront leur réception.

MM. les Maires constateront cette remise par un procès-verbal administratif qu'ils adresseront immédiatement, à nous pour l'arrondissement de Strasbourg, et à MM. les Sous-Préfets pour les autres arrondissements.

Notification des interdictions.

Ils seront également chargés de notifier aux cultivateurs l'interdiction totale ou partielle prononcée contre ceux-ci. Cette notification contiendra l'indication des motifs de l'interdiction, et sera constatée dans la même forme que la délivrance des permis.

ART. 11.

Formation des états n° 3.

Le Préfet et les Sous-Préfets feront dresser dans leurs bureaux, par commune et par destination de culture, des états (formule n° 3), des permis délivrés et les transmettront successivement, avec les registres n° 1, au Directeur des tabacs pour servir à la préparation des inventaires prescrits par le chapitre 3 du présent arrêté.

Les registres n° 1 seront ensuite rétablis dans les archives de la Préfecture et des Sous-Préfectures.

CHAPITRE II.

SEMIS ET TRANSPLANTATIONS.

SECTION PREMIÈRE.

Des semis.

ART. 12.

Déclaration des semis.

Notre arrêté du 5 octobre 1863, relatif à la réception des déclarations de culture pour 1864, a fixé l'époque et les lieux où seraient reçues celles pour les semis.

ART. 13.

Semis autorisés.

Tous les planteurs autorisés auront la faculté d'établir des semis pourvu qu'ils en aient fait la déclaration dans la forme prescrite par notre arrêté rappelé à l'article précédent.

Exeptionnellement les cultivateurs non-planteurs pourront être autorisés par nous à faire des semis en 1864, à charge d'en avoir fait également la déclaration préalable. Cette autorisation toutefois ne sera point accordée à des planteurs interdits.

Les semis de tabac seront soumis aux visites des employés de la culture.

Semis non autorisés.

L'établissement des semis ne pourra avoir lieu que dans les communes autorisées à planter du tabac.

ART. 14.

Conditions à remplir pour la réussite des semis.

Les conditions principales pour obtenir de bons semis et que les planteurs seront tenus de remplir consistent :

1° A placer les couches dans des lieux convenables, bien abrités et exposés au midi ;

2° A les garantir de l'action des vents et des gelées, en les entourant et les recouvrant de paillassons ;

3° A ne faire usage que de graines, provenant d'espèces à tissu fin et léger, à côtes et à nervures peu saillantes ;

4° A ne pas semer la graine trop épaisse, afin que le jeune plant devienne vigoureux et ne soit pas gêné dans son développement.

Les planteurs pourront établir des semis tant en pleine terre que sur couches demi-chaudes, en se conformant aux indications du service.

ART. 15.

Destruction des semis.

Les semis devront être détruits par les planteurs le 1er juillet, au plus tard. Ce délai pourra néanmoins, si l'année est tardive, être prorogé par le directeur des tabacs, sur l'avis de l'inspecteur de la culture et des magasins.

Les semis qui subsisteraient après l'époque fixée pour leur destruction, seraient considérés comme plantation illicite.

Plantes-mères.

La culture des plantes-mères est interdite aux planteurs.

Il leur sera distribué des graines par les agents du service.

*A cet effet l'administration fera cultiver, sur
différents points, par de bons planteurs qu'elle désignera, une quantité suffisante de plantes-mères
dont les graines seront recueillies par le service.*

*Il sera tenu compte aux planteurs des frais occa-
sionnés par cette culture spéciale, d'après le produit
en argent, par hectare, augmenté de 20 p. °/₀, qu'ils
obtiendront de leur culture ordinaire, pour une superficie égale.*

Contraventions en matière de semis.

Tout semis découvert chez un cultivateur non autorisé, ou chez un planteur qui aurait renoncé à la
culture, sera considéré comme plantation illicite, et
le contrevenant sera passible des peines édictées par
l'art. 181 de la loi du 28 avril 1816.

SECTION II.

*Transplantations; surveillance des plan-
tations.*

ART. 16.

Régularité des plantations.

Les plantations devront être faites au cordeau et bien
alignées, sans mélange d'aucune autre culture.

La même distance sera observée entre les pieds sur
les rangs, les intervalles entre ceux-ci pouvant d'ailleurs, et suivant le choix des planteurs, être régulièrement égaux entre eux ou alternativement inégaux, de
manière à conserver des espaces qui facilitent les manu-
tentions et la circulation de l'air.

Lorsque la forme irrégulière du terrain empêchera
de remplir toutes les rangées d'un même nombre de
pieds, les lignes incomplètes (courtes rangées) ne
pourront être établies que sur les côtés de la pièce.

Les contraventions aux dispositions qui précèdent
pourront donner lieu à l'interdiction de culture.

Plantes intercalaires.

Les pieds doubles ou jumeaux sont formellement
interdits; ils seront considérés comme une plantation
illicite et la contravention sera constatée par procès-
verbal judiciaire. Leur destruction sera opérée immédiatement par les contrevenants, et, en cas de refus,
il y sera procédé d'office, à leurs frais.

Toutefois la conservation d'un certain nombre de plantes, dites intercalaires, sera tolérée jusqu'à l'époque de l'ouverture des inventaires, en raison de l'utilité de ces plantes pour le remplacement de celles qui viendraient à périr.

Les pieds intercalaires ne pourront être placés qu'aux extrémités et sur les côtés des plantations et leur nombre ne devra pas excéder 3 pour cent de l'importance de ces dernières. Ils devront être détruits par les planteurs au fur et à mesure de la venue des plantes ; s'ils existaient encore au moment de l'inventaire, il serait procédé à leur destruction en présence des employés, qui constateraient cette contravention comme pour une plantation illicite.

ART. 17.

Clôture de la transplantation.

La transplantation devra être terminée le 1ᵉʳ juillet, à moins que la saison ne rende nécessaire de proroger ce délai, auquel cas il sera statué par un arrêté spécial.

Toute contravention à cette disposition donnera lieu à la rédaction d'un procès-verbal administratif.

Écimage.

Il sera procédé à l'écimage au fur et à mesure de l'avancement des plantes ; cette opération devra être achevée au plus tard, *le 15 août pour les plantations tardives.*

Les planteurs devront autant que possible, laisser un nombre égal de feuilles sur toutes les plantes dans la même pièce.

ART. 18.

Nettoiement et épamprement.

Les planteurs devront nettoyer, butter et épamprer leurs plantations, et à cet effet, enlever toutes les feuilles sans valeur, notamment les petites feuilles dites séminales ; leur destruction devra être opérée immédiatement, dans les rangées mêmes, et être terminée en même temps que l'écimage, c'est-à-dire avant le 15 août.

Les infractions à cette prescription seront constatées par des procès-verbaux administratifs et pourront entraîner l'interdiction de la culture.

Si les employés s'apercevaient qu'on eût laissé dans les rangées ou caché sous les plantes, des feuilles entières, ces feuilles seraient considérées comme récoltées avant l'inventaire, destinées à être soustraites, et comme telles, saisies. Procès-verbal judiciaire sera rapporté à la charge des contrevenants qui deviendraient passibles des peines prononcées par l'art. 218 de la loi du 28 avril 1816.

Ébourgeonnement.

Les planteurs devront détruire les jets ou bourgeons au fur et à mesure qu'ils pousseront sur les plantes, avant que leurs feuilles aient atteint une dimension de 25 centimètres; à défaut de quoi, il en sera dressé procès-verbal administratif.

Mais si les bourgeons étaient écimés, ou si leurs feuilles principales avaient atteint la longueur de 25 centimètres, cette contravention serait constatée par procès-verbal judiciaire comme plantation illicite.

On aurait soin d'indiquer dans le procès-verbal le nombre des bourgeons écimés, la dimension et le nombre de leurs feuilles.

SECTION III.

Semis frauduleux et plantations illicites.

ART. 19.

Recherche des plantations illicites.

Avant de procéder aux vérifications de culture, les employés du service des tabacs devront rechercher les semis et les plantations qui pourraient avoir été faits sans autorisation.

Seront considérées comme plantations illicites celles effectuées sur les terres d'un cultivateur interdit, à moins qu'il n'y ait eu un bail authentique antérieur au procès-verbal qui aurait donné lieu à l'interdiction.

En vertu de l'art. 223 de la loi du 28 avril 1816, il est enjoint aux gardes champêtres, sous peine de révocation, de concourir, à partir du 1er mai jusqu'après l'époque ordinaire de la récolte des tabacs, à la recherche des semis frauduleux et des plantations illicites, sur le territoire de leur commune; ils formeront successivement des relevés des contraventions qu'ils découvriraient, et les communiqueront aux Maires qui devront, sous leur responsabilité, en donner connaissance, de suite, aux employés du service des tabacs du poste le plus voisin.

ART. 20.

Destruction des semis et des plantations illicites.

Les semis frauduleux et les plantations illicites seront détruits par les cultivateurs, ou à défaut, à leurs frais, sur l'ordre qui en sera donné par l'autorité compétente, à la réquisition de l'Inspecteur de la culture et des magasins.

Le recouvrement des sommes dues pour cette destruction sera opéré par la régie, dans la forme des contributions directes, sur un rôle rendu exécutoire par nous.

Il sera en outre dressé des procès-verbaux à la charge des contrevenants, qui seront passibles des dispositions pénales de l'article 181 de la loi du 28 avril 1816.

CHAPITRE III.

INVENTAIRES DES RÉCOLTES.

SECTION PREMIÈRE.

Inventaire des plantes. Vérification de la superficie cultivée.

ART. 21.

Première partie des inventaires.

La première opération des inventaires a pour objet de reconnaître la superficie des terrains cultivés en tabac et de constater le nombre des plantes ; elle pourra être commencée du 1er au 15 juillet.

Avis aux Maires.

Huit jours avant d'y procéder, il en sera donné avis au Maire de chaque commune, pour qu'il puisse en informer les habitants par une publication faite, à l'issue

du service divin, le dimanche qui précédera le jour
indiqué pour l'ouverture des inventaires.

Avertissement aux planteurs.

Les planteurs seront invités à assister aux vérifications
de culture. A cet effet, les employés vérificateurs se
présenteront le jour même de l'opération à leur domicile; si, nonobstant, ils ne se rendent pas sur le terrain,
ils seront tenus de considérer comme valables les opérations faites en leur absence.

Étiquettes.

Les planteurs seront tenus de placer sur toutes les
pièces déclarées et plantées en tabac, des jalons portant des étiquettes. Ces étiquettes leur seront remises,
par les employés, en nombre égal aux pièces sur lesquelles la culture aura été autorisée.

Quiconque arrachera un jalon, sera poursuivi par
tel fonctionnaire que de droit, en police municipale,
sans préjudice des poursuites en dommages-intérêts
par la partie lésée.

ART. 22.

Indicateurs.

Les employés vérificateurs, lorsque ce sera nécessaire
pourront être accompagnés, dans leurs opérations, par
les gardes champêtres, qui leur serviront d'indicateurs;
à défaut de garde champêtre disponible dans une commune, le Maire désignerait un autre individu sachant
lire, écrire en français et ayant une connaissance exacte
des localités.

Il sera alloué aux indicateurs une indemnité de deux
francs par jour, payable par la caisse du centime.

Dans le cas où par inconduite, incapacité ou mauvaise volonté les indicateurs entraveraient la marche
des opérations, les Maires pourvoiront immédiatement
à leur remplacement, sur la réquisition des employés
vérificateurs et, s'il y avait lieu, rapport nous en serait
fait par M. le Directeur des tabacs.

ART. 23.

Présence des maires.

Avant de commencer l'inventaire dans une commune, les employés requerront le maire d'assister à leurs opérations ou de s'y faire représenter par un adjoint ou un conseiller municipal, sans que l'absence du Maire ou de son délégué puisse rendre les vérifications irrégulières.

MM. les Maires sont formellement invités à déférer à cette réquisition; ils certifieront l'identité des plantations et ne pourront, ainsi que leurs délégués, se refuser sous aucun prétexte à signer avec les employés les actes régulièrement inscrits aux registres portatifs. Ils n'auront pas d'ailleurs à s'ingérer dans l'exécution des travaux de vérification.

ART. 24.

Mesurage des terres et dénombrement des plantes.

Pour reconnaître la superficie cultivée, les plantations seront mesurées à l'aide d'un cordeau-mètre. La mesure sera prise en décimètres d'après l'espace *compris entre onze plantes comptées en longueur et en largeur.*

Le dénombrement des plantes sera opéré conformément aux instructions de l'administration, qui prescrivent de compter un certain nombre de rangées, selon le plus ou moins de régularité des plantations, ou de compter un à un les pieds qui ne forment pas des carrés réguliers.

Excédant de plus d'un cinquième.

Lorsque la vérification des pièces de terre cultivées en tabac fera reconnaître qu'il y a un excédant de plus d'un cinquième, soit sur la quantité de terre déclarée, soit sur le nombre de pieds de tabac, les employés en dresseront procès-verbal, et le contrevenant, aux termes de l'article 193 de la loi du 28 avril 1816, sera passible d'une amende de 25 francs par 100 pieds de tabac excédant, sans que cette amende puisse s'élever au delà de 1500 francs, et sans préjudice de l'augmentation de charges qui en résultera à son compte.

Contestations.

En cas de contestation sur le mesurage ou sur le nombre des pieds, il en sera immédiatement référé au Préfet ou au Sous-Préfet, qui ordonnera une expertise. Les frais resteront à la charge de celle des parties dont l'évaluation sera la plus éloignée des résultats de l'expertise.

Contre-vérifications.

Les demandes de contre-vérification auxquelles pourront donner lieu, de la part des planteurs, les opérations des employés-vérificateurs, devront être inscrites sur le registre spécial déposé aux mairies, dans les 3 jours qui suivront la délivrance de l'acte d'inventaire.

ART. 25.

Résultats de l'inventaire.

Les employés constateront les résultats des vérifications, par des actes inscrits sur des registres portatifs fournis par l'administration des tabacs, et qui seront cotés et paraphés par les juges de paix. Les planteurs seront requis de signer leurs comptes sur ces registres; en cas de refus de leur part, d'incapacité ou d'absence au moment de la signature, il en sera fait mention.

Délivrance des extraits.

Un extrait de l'acte de vérification sera délivré immédiatement par les employés à chaque planteur; en cas d'absence de celui-ci, l'extrait sera déposé entre les mains du maire qui devra en faire, dans les 24 heures, la remise à la partie intéressée.

Dans ce dernier cas, le dépôt des extraits entre les mains du maire, sera constaté par les employés, au moyen d'une annotation datée et signée, sur le registre ouvert à la mairie et destiné à l'inscription des réclamations des planteurs.

Rectification des charges.

Les erreurs que les employés supérieurs de la régie reconnaîtraient en procédant à des contre-vérifications, seront rectifiées aux registres portatifs, ainsi que sur l'extrait de l'acte que le planteur devra remettre à cet effet et qui lui sera rendu.

Si le planteur refusait de se conformer aux dispositions qui précèdent, il nous en serait immédiatement référé ou à MM. les Sous-Préfets, et une vérification d'office serait ordonnée, conformément aux prescriptions de l'article 24.

ART. 26.

Défense de remplacer les pieds manquants.

Il est expressément défendu de remplacer les pieds reconnus manquants et d'en replanter sur un endroit quelconque de la pièce, après le premier inventaire. Tout planteur qui enfreindra cette disposition sera considéré comme ayant fait une plantation illicite et, par conséquent, passible des peines prononcées par l'art. 181 de la loi du 28 avril 1816.

Plantes avariées.

Les plantes de mauvaise venue ou qui seraient atteintes d'avaries, pour une cause quelconque, dans l'intervalle du premier au second inventaire, ne pourront être détruites qu'en présence des employés, sous peine, pour les planteurs, de n'en pas obtenir décharge. Il sera, de plus, dressé procès-verbal administratif contre les cultivateurs qui contreviendraient à cette disposition.

SECTION II.

Inventaire des feuilles.

ART. 27.

Deuxième partie des inventaires.

Les employés procèderont à la 2ᵉ partie des inventaires (compte des feuilles) aussitôt que la première sera terminée, et en commençant par les plantations les plus avancées. Toutes les feuilles existant sur les plantes seront comptées et prises en charge. Les employés constateront cette opération par un nouvel acte au registre portatif.

Les employés vérificateurs s'assureront que l'écimage est uniforme, et, dans l'affirmative, ils multiplieront le nombre de pieds existant sur la plantation par celui des feuilles laissées sur chaque pied. Le résultat de cette opération formera les charges du planteur,

Si, au contraire, ils reconnaissent que, sur une même plantation, il existe des pieds ayant un nombre de feuilles différent, les employés compteront les feuilles d'un nombre de pieds plus ou moins considérable, selon l'importance de la plantation et pris sur plusieurs points. Ils diviseront ensuite la somme des feuilles par le nombre des pieds et le résultat de cette division donnera le terme moyen des feuilles existant sur chaque pied.

Obligation d'écimer les dernières plantes.

Lorsque les employés se présenteront, après le 15 août, époque à laquelle l'écimage devra être terminé, pour compter les feuilles d'une plantation sur laquelle il ne resterait à écimer ou à nettoyer que des pieds tardifs dans une proportion au-dessous d'un vingtième, le planteur devra écimer et nettoyer immédiatement ces pieds ou les arracher.

Classification des feuilles.

Après avoir établi le compte des feuilles, les employés en détermineront la classification approximative et la longueur par qualité, et indiqueront le nombre des feuilles de pied, dans le cas où le cultivateur aurait négligé de les détacher comme le prescrit l'art. 18 du présent règlement.

Ces indications serviront de base, lors des livraisons' au rejet des feuilles qui n'auraient pas été comprises dans l'inventaire et feront connaître si le planteur a livré fidèlement sa récolte.

ART. 28.

Défense de récolter avant l'inventaire.

Il est expressément défendu aux planteurs de récolter tout ou partie de leurs tabacs avant l'inventaire des feuilles qui établit régulièrement leurs charges.

Il leur est également interdit de récolter aucune feuille d'épamprement, d'écimage, de bourgeons ou de regain; toutes ces feuilles doivent être brisées au moment de leur extraction.

S'il est reconnu, au moment de l'inventaire, qu'il a été distrait des feuilles sur les pieds de tabac, les

employés sont autorisés à compter et à prendre en
charge le nombre de ces feuilles d'après celui des nœuds
ou traces de pétioles qu'ils apercevront sur les tiges.

Saisie des tabacs récoltés avant l'inventaire.

Toutes les feuilles autres que celles cassées par
les vents ou la grêle, dans des cas d'avaries reconnues et dûment constatées, que l'on trouvera au séchoir
ou au domicile des planteurs, avant l'inventaire, seront
saisies comme dépôt frauduleux, en vertu de l'art. 217
de la loi du 28 avril 1816. Ces contraventions seront
punies, conformément à l'art. 218 de ladite loi, de la
confiscation et, en outre, d'une amende de dix francs
par kilogramme de tabac saisi ; cette amende ne pourra
excéder la somme de trois mille francs, ni être au-
dessous de cent francs.

Dans le cas où les tabacs saisis seraient totalement
verts ou en cours de dessiccation, leur poids réel subi-
rait, pour fixer l'amende, une réduction de 60 p. 100
dans le premier cas et de 30 p. 100 dans le second.

Lorsqu'après l'établissement des charges, il sera
trouvé au domicile des planteurs des feuilles séminales ou autres, qui auraient dû être détruites, et sur
l'origine desquelles il s'élèvera des contestations, les employés opéreront provisoirement la saisie de ces feuilles
et les feront transporter à l'entrepôt des tabacs, pour
être soumises à une expertise.

ART. 29.

Réclamations. Contre-vérifications.

Les dispositions des articles 24 et 25, concernant
les réclamations, contestations et contre-vérifications
auxquelles peut donner lieu l'inventaire des plantes,
seront applicables à l'inventaire des feuilles ; mais il est
bien entendu qu'il ne pourra être accordé de contre-
vérification pour aucune pièce de terre sur laquelle
les réclamants auront procédé à la récolte de tout ou
partie des feuilles inventoriées.

SECTION III.

Décharge des feuilles avariées. Destruction des tiges et souches. Mise à la pente.

ART. 30.

Avaries.

Les planteurs seront admis à faire constater par les employés de la Régie, en présence du Maire ou de son délégué, et de concert avec lui, conformément à l'article 197 de la loi du 28 avril 1816, les avaries que leur récolte, encore sur pied, aurait éprouvées par suite d'intempéries, après l'inventaire des feuilles.

Ils devront, à cet effet, en faire, dans les 24 heures, la déclaration au Maire de leur commune, qui, après l'avoir fait inscrire au registre des réclamations, dont la tenue est prescrite par l'article 25 du présent arrêté, en donnera avis aux employés pour que la vérification ait lieu sans retard.

La décharge à laquelle les planteurs pourront prétendre, sera estimée de gré à gré; en cas de contestation il sera prononcé par des experts nommés par nous ou par MM. les Sous-Préfets.

Les destructions, s'il y a lieu, seront opérées par les planteurs, ou d'office à leurs frais.

Les employés constateront ces diverses circonstances par des procès-verbaux administratifs.

A défaut par les cultivateurs de se conformer à ces dispositions, en ce qui les concerne, ils ne pourront se prévaloir des accidents éprouvés dans le cas où il en résulterait un manquant à leurs charges.

ART. 31.

Destruction des tiges et souches.

En exécution de l'article 196 de la loi du 28 avril 1816, les cultivateurs seront tenus d'arracher et de détruire, *au fur et à mesure de l'achèvement de la récolte,* les tiges et souches de leurs plantations.

En cas de retard, le service leur adressera un avertissement qui sera détaché d'un registre à souche et leur fixera un délai de rigueur.

En cas de refus, qui résultera du seul fait de l'existence desdites tiges et souches, après le délai accordé, la destruction en sera opérée aux frais des contrevenants, qui seront, en outre, passibles de l'amende prononcée par l'article 181 de la loi du 28 avril 1816.

ART. 32.

Dessiccation.

Les planteurs devront prendre toutes les mesures propres à assurer la bonne dessiccation de leurs récoltes et à les préserver des intempéries; ils sont particulièrement invités à suivre, à cet égard, les indications qui leur seront données par le service de la culture, et à se pourvoir des abris, séchoirs et autres locaux nécessaires.

Il leur est formellement interdit de soumettre à un javelage les tabacs verts, pour les faire jaunir, et de leur donner une couleur factice, en les entassant à la pente.

Au moment de la mise des feuilles en chapelets, ils devront opérer un premier triage, afin de séparer les tabacs de qualités différentes et spécialement les feuilles saines de celles avariées ou de qualité inférieure.

Les tabacs récoltés ne pourront être placés ailleurs que dans l'habitation du planteur déclarant, sauf les exceptions ci-après.

Dépôt des récoltes hors du domicile des planteurs.

Les cultivateurs qui se trouveront dans l'impossibilité d'emmagasiner, dans les locaux habités par eux, les tabacs provenant de leur récolte, devront en faire la déclaration sur le registre dont la tenue, dans les mairies, est prescrite par l'art. 25. Ils désigneront les bâtiments destinés à suppléer à l'insuffisance des leurs, ainsi que le nom du propriétaire, et joindront à leur déclaration copie du bail authentique ou ayant date certaine, qu'ils auront conclu avec ce dernier. Les bâtiments loués devront être situés dans une commune autorisée à cultiver du tabac et ne pas appartenir à des planteurs interdits.

Ces déclarations seront transcrites sur un registre à souche.

Le Directeur des tabacs fera délivrer, quand il y aura lieu, les autorisations, et avertir les déclarants lorsqu'elles ne pourront être accordées.

Faute par les planteurs de s'être conformés aux dispositions du présent article, les tabacs seront saisis par les employés et le détenteur sera passible de l'amende prononcée par l'article 218 de la loi du 28 avril 1816. Ces contraventions entraîneront, en outre, l'interdiction de culture.

SECTION IV.

Déchets à allouer aux planteurs.

ART. 33.

Déduction pour déchet.

Il sera alloué aux planteurs une déduction à titre de déchet, sur le nombre des feuilles comprises à leur charge définitive, pour pertes et brisures résultant de la manutention depuis la cueillette jusqu'à la mise en manoques.

La quotité de cette déduction sera déterminée par un arrêté spécial que nous prendrons sur l'avis du directeur, dix jours au moins avant l'ouverture des livraisons.

CHAPITRE IV.

RÉCEPTIONS.

SECTION PREMIÈRE.

Opérations préliminaires. Levée des échantillons. Livraison et décompte provisoire de la récolte.

ART. 34.

Triage et manoquage.

Le triage et le manoquage sont obligatoires sous peine

d'interdiction; en conséquence les planteurs, avant de livrer leurs tabacs, seront tenus :

1° D'en opérer le triage, c'est-à-dire d'assortir les feuilles de même longueur par couleur et par qualité pour les tabacs marchands et par classe pour les non-marchands;

2° D'en former des manoques composées d'un nombre uniforme de feuilles, toutes de même qualité, et de les réunir en balles également composées d'un même nombre de manoques de même qualité.

Composition des manoques et des balles.

Le nombre de feuilles composant chaque manoque sera de vingt-cinq.

Les balles seront composées uniformément de 200 manoques, qui seront réunies au moyen de toiles, de sangles, de cordes ou de liens d'osier.

Il sera formé une balle d'appoint pour chaque qualité, laquelle portera une étiquette indiquant le nombre des manoques qu'elle contiendra.

Liens des manoques.

Chaque manoque sera liée avec une feuille de même qualité que celles qui la composeront et dont elle complétera le nombre d'après la fixation qui précède. Ce lien sera placé à 4 centimètres de l'extrémité des caboches, qui devront être exactement alignées.

S'il était reconnu que des feuilles servant de liens fussent d'une qualité inférieure à celle des feuilles composant les manoques, les tabacs subiraient un déclassement qu'arbitrerait la commission d'expertise. Dans ce cas, les feuilles déclassées ne pourront être payées qu'au prix des tabacs non-marchands.

Feuilles avariées ou sans valeur.

Les planteurs qui auraient à présenter au magasin, pour la balance de leurs comptes, des feuilles avariées ou autres sans valeur, comprises dans l'inventaire, sont dispensés de les manoquer, mais ils devront les réunir en paquets de 100 feuilles chacun.

Concours des Maires.

MM. les Maires, auxquels il sera adressé, en temps utile, une liste nominative indiquant l'ordre dans lequel devront être effectuées les livraisons de leur commune, sont particulièrement invités à rappeler aux cultivateurs les prescriptions ci-dessus concernant le triage, le manoquage et la confection des balles.

ART. 35.

Échantillons-types.

Quelques jours avant l'époque qui sera fixée pour la réception des tabacs récoltés pour la Régie, douze planteurs, choisis dans chaque circonscription de magasin parmi ceux qui seront connus pour avoir les meilleures récoltes et pour donner les soins les mieux entendus, tant à la dessiccation qu'à la préparation (triage, manoquage et bottelage) de leurs tabacs, seront appelés par M. le Directeur des tabacs à faire leur livraison au jour qui sera indiqué.

Ces récoltes seront examinées par les experts chargés des classements, lesquels prélèveront sur elles une certaine quantité de feuilles dont ils formeront des échantillons, représentant les trois qualités marchandes, en prenant pour point de comparaison les types choisis dans les récoltes antérieures et de manière que ces échantillons destinés à servir de guide pendant les expertises soient, autant que possible, équivalents d'une année à l'autre. Ils s'attacheront d'ailleurs à établir entre les types de chaque qualité une différence proportionnelle à celle qui existe entre les prix du tarif.

Les échantillons-types, composés chacun de 100 feuilles, seront ficelés et cachetés.

L'opération de la levée des échantillons aura lieu en présence du Directeur des tabacs et de l'Inspecteur de la culture et des magasins; elle sera constatée par un procès-verbal signé des membres de la commission d'expertise et de ces deux chefs de service.

Dépôt des échantillons.

Pendant toute la durée des expertises, les échantillons seront déposés sur la table de classement pour être consultés par les experts.

ART. 36.

Époque des livraisons.

La Régie prendra livraison de la récolte *en une seule fois, à partir de l'époque qui sera fixée par un arrêté spécial pris par nous, sur la proposition de M. le Directeur des tabacs.*

Cet arrêté sera publié et affiché dans les communes où la culture aura été effectuée.

Appel des communes.

L'appel des communes aura lieu, d'après une combinaison de séries de 15 jours, réglée de telle sorte que chaque année les communes des différentes séries soient appelées à faire leur livraison dans un ordre inverse de celui suivi l'année précédente.

Laissez-passer.

Les planteurs devront, au jour qui sera fixé, conduire les tabacs de leur récolte au magasin de la régie et se munir, à cet effet, de laissez-passer que délivrera le receveur buraliste de la commune.

MM. les Maires auxquels il sera transmis par l'Inspecteur de la culture des listes nominatives des planteurs appelés chaque jour, devront porter ces listes à la connaissance des intéressés; ils ne pourront sous aucun prétexte en changer l'ordre.

Livraisons anticipées.

Cependant s'il était reconnu que des récoltes fussent menacées de s'avarier, ou si quelque autre circonstance majeure exigeait une dérogation à la règle, M. le Directeur pourrait exceptionnellement autoriser la livraison anticipée de ces récoltes, mais le paiement des tabacs n'aurait lieu qu'à l'époque primitivement fixée par la liste d'appel.

Livraisons ajournées.

Lorsqu'un planteur n'aura pas effectué sa livraison au jour indiqué, il ne pourra présenter ses tabacs au magasin de la régie qu'après avoir reçu un nouvel appel. S'il n'y déférait pas encore, il serait considéré comme détenteur frauduleux de tabac et les employés dresseraient procès-verbal contre lui, par application des dispositions de l'art. 217 de la loi du 28 avril 1816.

ART 37.

Dénombrement des feuilles au magasin.

A l'arrivée de leurs tabacs au magasin, les planteurs devront, sur l'interpellation qui leur en sera faite, déclarer qu'ils présentent la totalité de leur récolte, et indiquer le nombre de balles, de manoques et de feuilles dont elle se compose; après cette déclaration, ils ne seront plus admis à alléguer qu'ils ont d'autre tabac en leur possession.

Les employés consigneront, sur un carnet spécial, les indications ci-dessus; ils en vérifieront l'exactitude en comptant d'abord le nombre des balles, puis celui des manoques contenues dans un certain nombre de balles et enfin le nombre de feuilles composant les manoques. Le décompte provisoire sera porté au dos du laissez-passer.

Balles et manoques à refaire.

Les planteurs qui n'auraient pas composé les balles et manoques comme il est prescrit à l'art. 34, seraient tenus de le faire, soit par eux-mêmes, soit à leurs frais par les ouvriers du magasin. Il sera sursis dans ce cas à l'expertise jusqu'au jour que la commission fixera.

SECTION II.

Commissions d'expertise. Classification et payement des tabacs. Rejets et manquants.

ART. 38.

Commission d'expertise.

Conformément à la décision de M. le Ministre des finances du 17 octobre 1885, il sera procédé au classement des tabacs par des commissions d'expertise composées chacune de cinq membres, dont trois seront directement choisis et nommés par nous et ne devront avoir aucun intérêt dans la culture du tabac. L'entreposeur et le contrôleur du magasin compléteront cette commission.

Il sera choisi et nommé par nous, de la même manière que ci-dessus, un expert suppléant pour remplacer les experts qui se trouveraient empêchés de prendre part aux classements.

Les uns et les autres seront pris parmi les hommes expérimentés n'ayant pas cultivé de tabac depuis trois ans au moins et parlant le français.

Balances auxiliaires.

Dans le cas où l'on reconnaîtrait la nécessité de former des commissions auxiliaires pour accélérer les réceptions, le Directeur des tabacs désignera à notre choix des employés qui devront tenir, dans ces commissions, la place assignée à l'entreposeur et au contrôleur du magasin.

Prestation de serment des experts.

Les experts titulaires et les experts-suppléants étrangers à la régie, prêteront serment entre nos mains ou devant MM. les Sous-Préfets, que nous déléguons à cet effet.

Récusation.

Ils ne pourront coopérer à l'expertise des tabacs de leurs parents jusqu'au deuxième degré, ni des habitants de leurs communes respectives.

Ils n'auront aucun droit de s'immiscer dans la gestion intérieure du magasin, qui concerne exclusivement les agents de la Régie; mais ils devront vérifier tous les actes et expéditions qu'ils auront à signer.

Alternage.

Le préfet pourra, si la nécessité ou l'utilité lui en est démontrée, faire alterner les experts titulaires et experts suppléants étrangers à l'administration, d'un magasin ou d'un arrondissement dans un autre, pendant le cours des livraisons; en cas d'urgence, pour cause de maladie ou de toute autre circonstance impérieuse, le Directeur des tabacs prescrirait d'office une mutation provisoire et soumettrait immédiatement cette mesure à notre approbation.

Surveillance des pesées.

L'un des trois experts étrangers à l'administration sera toujours chargé de veiller à l'exactitude des pesées partielles et d'inscrire le poids, ainsi que le nombre de balles dont elles se composeront, sur un tableau spécial placé près de la balance.

Défense aux planteurs de s'immiscer dans l'expertise.

La commission étant seule chargée de statuer sur la qualité des tabacs livrés par les planteurs, il est défendu à ces derniers de prendre part aux discussions de l'expertise; si nonobstant cette défense, des planteurs troublaient les opérations de la commission, ils seraient immédiatement expulsés et procès-verbal serait dressé des faits ayant motivé cette mesure.

Le planteur seul dont on classera la récolte, pourra se présenter à la table d'expertise.

Suspension de l'expertise.

S'il arrivait que, par suite d'exigences persistantes, l'un des deux intérêts engagés pût être compromis, il nous en serait référé sur-le-champ. Le Directeur des tabacs ou l'Inspecteur de la culture et des magasins, pourra même, si l'urgence lui en était démontrée par la gravité des faits, suspendre l'expertise jusqu'à ce qu'il ait été statué par nous.

ART. 39.

Pesée des tabacs.

Les tabacs présentés en livraison seront pesés séparément par qualité.

Réfactions.

Il y aura lieu de prononcer des réfactions :

1° Soit en raison de l'humidité des tabacs ;

2° Soit parce qu'ils auraient reçu des préparations frauduleuses, se trouveraient surchargés de caboches ou présenteraient un mélange de matières étrangères. Dans ce dernier cas, les tabacs ne pourraient être classés que comme non marchands. Il en sera de même en ce qui concerne les tabacs livrés sans avoir été préalablement manoqués.

Classement.

Les commissions d'expertise procéderont au classement par 1re, 2e et 3e qualités des tabacs reconnus marchands, et à l'estimation des tabacs non marchands qui seront jugés propres à entrer dans la fabrication des tabacs inférieurs. Enfin, elles prononceront le rejet et la destruction de ceux qui ne seront susceptibles d'aucun emploi dans les manufactures.

Elles décideront quand il y aura lieu d'accorder, et pour quelle quantité, la prime de 10 fr. par 100 k., à titre de surchoix, conformément à l'art. 192 de la loi du 28 avril 1816.

Aux termes de la décision ministérielle du 27 octobre 1863, les prix des 1ᵉ, 2ᵉ et 3ᵉ qualités seront appliqués exclusivement aux tabacs fins, légers et combustibles; les tabacs grossiers, communs, d'espèces abâtardies, devront être rejetés dans les classes non-marchandes.

Les décisions des commissions seront prises à la majorité des voix.

Marche à suivre dans les classements.

Le classement des tabacs par évaluation approximative, est formellement interdit; toutes les balles seront apportées sur la table et expertisées une à une.

Si la commission d'expertise juge qu'un planteur n'a pas rempli l'obligation qui lui est imposée par l'article 34, de trier exactement sa récolte, les tabacs ainsi présentés seront classés d'après la qualité la plus basse qui se trouvera dans chaque balle.

Toutefois, le planteur sera autorisé, s'il le préfère, à faire opérer le triage de sa récolte au magasin, et à ses frais, par les ouvriers de l'établissement que l'entreposeur mettra, à cet effet, à sa disposition. Cette opération s'exécutera sous les yeux des experts ou des agents que ces derniers auront désignés pour la surveiller.

Il sera pourvu aux frais qu'elle nécessitera au moyen d'une retenue qui ne pourra être moindre de 5 fr. par 100 kil. sur le poids des tabacs triés. Le produit de cette retenue sera versé à la caisse du centime par le Receveur principal de la régie, et servira à payer sur nos mandats les ouvriers chargés du triage. A cet effet, l'entreposeur remettra au receveur principal un décompte de la somme à retenir.

Registre des mauvaises livraisons.

Il sera tenu, dans chaque magasin de réception, un registre sur lequel les membres de la commission d'expertise inscriront, jour par jour, les planteurs qui auront présenté des tabacs offrant un caractère de fraude, soit par l'excès d'eau dont ils seraient imprégnés, soit par les matières hétérogènes dont ils se trouveraient mélangés; ces planteurs ne seront pas admis, l'année suivante, à cultiver du tabac.

Ceux qui auront livré des récoltes mal soignées, *de mauvaise espèce, ou d'une nature épaisse ou grossière,* seront également inscrits sur ce registre et pourront être exclus, pendant une année, de la faculté de planter du tabac pour l'approvisionnement des manufactures impériales.

Tous les quinze jours, un relevé de ce registre nous sera adressé par le Directeur des tabacs, pour être inséré au Recueil des actes de la Préfecture et transmis à MM. les Maires, qui devront en donner connaissance aux intéressés.

Destruction des tabacs rejetés.

Les tabacs rejetés par les commissions comme impropres à la fabrication, ainsi que les feuilles présentées uniquement pour la balance des comptes, en conformité de l'art. 34, *seront, à la fin de chaque vacation, déposés dans un local fermant à deux clefs, dont l'une sera remise à l'entreposeur et l'autre à l'un des experts étrangers à la Régie.*

Ces tabacs seront détruits en présence des experts qui signeront le procès-verbal constatant l'opération.

Le mode de destruction sera arrêté, avant le commencement des expertises, par les membres de la commission, et soumis à l'approbation du Maire de la commune où se trouve situé le magasin.

Vente de leurs résidus.

Le fumier ou les cendres provenant de ces tabacs seront vendus à la diligence du Directeur des tabacs, en présence de l'un des membres de la commission d'expertise et d'un agent délégué par nous.

Le produit de cette vente sera encaissé par le Receveur principal des contributions indirectes, au compte de la retenue d'un centime par kilogramme, opérée sur les livraisons conformément à l'art. 44 ci-après.

Inscription des pesées et du classement. Récépissés.

Les résultats de la pesée et du classement seront inscrits au registre n° 10 B, et il sera immédiatement délivré au planteur un bulletin de réception (modèle n° 10 C) signé tant par l'employé préposé à la balance que par l'un des experts. Ce bulletin servira à la confection du récépissé (modèle n° 11), énonçant les quantités livrées et classées et le décompte des sommes à payer d'après les prix fixés par M. le Ministre des finances.

Paiement.

Les récépissés, signés des membres des commissions, seront remis, sans retard, aux planteurs, pour qu'ils puissent être payés le jour même de la livraison de leurs tabacs.

ART. 40.

Feuilles non inventoriées, présentées en livraison.

Les feuilles d'épamprement, d'écimage, de bourgeons ou de regain, et généralement toutes les feuilles non inventoriées qui seraient présentées en livraison, ne seront pas admises en décharge.

En cas de contestation de la part des planteurs, la commission d'expertise sera appelée à prononcer.

Ne seront également pas admises en décharge les feuilles que la commission reconnaîtrait ne pas provenir de la plantation du cultivateur qui les présenterait.

Il sera dressé procès-verbal administratif à la charge des contrevenants, pour que la culture leur soit interdite l'année suivante.

ART. 41.

Balance des comptes des planteurs.

Le compte de chaque planteur sera déchargé :

1° Des quantités de feuilles dont la détérioration sur pied ou la destruction auront été dûment constatées depuis l'inventaire;

2° De celles allouées pour déchet en réduction des charges définitives, conformément à l'article 33;

3° Enfin des quantités représentées au magasin, déduction faite, s'il y a lieu, des feuilles rejetées pour n'avoir pas été comprises dans les charges.

Si l'addition des quantités qui précèdent donne un total égal aux charges établies par l'inventaire, le planteur demeurera libéré.

Manquants.

Dans le cas contraire, il sera constitué en manquant et tenu, aux termes de l'art. 199 de la loi du 28 avril 1816, de payer, au prix de 4 fr. le kilogr. la valeur de la quantité formant le déficit, laquelle quantité sera convertie en poids à raison de 160 feuilles pour un kilogramme.

Il sera procédé de la même manière à l'égard des planteurs qui auraient soustrait la totalité de leur récolte.

ART. 42.

Procès-verbaux n° 14.

Lorsqu'un manquant aura été constaté aux charges d'un planteur, ce dernier sera appelé, séance tenante, à produire devant la commission d'expertise les explications ou justifications qu'il aurait à fournir, lesquelles seront consignées dans un procès-verbal (modèle n° 14) dressé par les membres de la commission d'expertise. Le contrôleur de culture sera chargé d'en vérifier l'exactitude et inscrira ses observations sur ledit procès-verbal, dont il lui sera immédiatement fait remise.

ART. 43.

Rôle de recouvrement des manquants.

Le Directeur des tabacs, après avoir consigné ses propositions sur les procès-verbaux de manquant, n° 14, fera dresser, en double expédition et par commune, les rôles de recouvrement (modèle n° 15), et nous les adressera pour que nous les rendions exécutoires, aux termes de l'art. 200 de la loi du 28 avril 1816. Les feuilles n° 14 seront jointes à cet envoi.

Notification, sans frais, en sera faite aux planteurs qui, pendant un mois, seront recevables à porter, devant le conseil de préfecture, leurs réclamations contre le résultat

de leurs décomptes; ces réclamations doivent être indivi-
duelles, écrites sur papier timbré et accompagnées des
actes de notification ou avertissements délivrés par le
service; le Conseil de préfecture statuera dans les deux
mois, et sa décision sera notifiée aux planteurs qui,
s'ils restent constitués débiteurs, seront, à défaut de
paiement immédiat, poursuivis ainsi que leurs cautions, dans les formes tracées pour les Contributions
directes.

SECTION III.

Retenue d'un centime par kilogramme.

ART. 44.

Retenue du centime.

En vertu de l'article 1er de la loi du 21 avril 1832
il sera opéré, sur le montant des livraisons, une retenue
d'un centime par kilogramme de tabac livré et admis
à paiement.

Emploi des fonds.

Le produit de cette retenue sera versé à la caisse
du Receveur principal des contributions indirectes, et
employé, sur nos arrêtés, à l'acquittement des frais
dont le détail suit :

1° Les frais de vacation des experts qui ne sont pas
employés de la Régie; ces frais sont fixés, par jour, à
10 francs pour les experts titulaires, et à 5 francs pour
les experts suppléants ;

2° Les frais de livraison à la charge des planteurs,
*(déchargement des tabacs, dépôt dans la salle de vérification,
transport à la table d'expertise et à la balance)* ;

3° Ceux de destruction des tabacs rejetés des classements ;

4° Les frais de bureau et d'écritures nécessités, à la
Préfecture et dans les Sous-Préfectures, par les déclarations des planteurs et les permissions de culture ;

5° Ceux de déplacement des principaux planteurs appelés au Conseil de préfecture, pour être entendus sur le présent règlement;

6° Les indemnités dues aux indicateurs (gardes champêtres ou autres), à raison de deux francs par jour;

7° Les frais d'impression du présent arrêté réglementaire et de tous autres qui devront être publiés; des circulaires, des états, registres, notifications, étiquettes à placer sur les plantations et autres documents de service que, sur l'avis de l'administration, il y aura lieu de faire imprimer;

8° *Les frais et indemnités à allouer aux planteurs chargés de la culture des porte-graines;*

9° Les primes pour construction de séchoirs et appropriation de locaux à cet usage;

10° Les indemnités à accorder aux planteurs de tabac pour l'approvisionnement des manufactures impériales, pour dommages causés à leurs récoltes par la grêle ou autres accidents constatés selon les formes tracées par l'article 30, pourvu que les planteurs aient fidèlement rempli leurs engagements envers la Régie.

Le montant et la répartition de ces indemnités seront arrêtés par nous, sur des états de proposition dressés par le Directeur des tabacs. Il ne sera point accordé d'indemnité inférieure à 5 francs et les planteurs, pour recevoir les sommes qui leur seront attribuées à ce titre, devront justifier par certificat des Maires que leurs plantations de tabac n'étaient assurées par aucune compagnie.

11° Enfin les secours à allouer aux employés temporaires qui auront été victimes d'accidents arrivés pendant et à l'occasion de leurs fonctions, ou à leurs veuves ou à leurs enfants, s'ils ont succombé aux suites de ces accidents.

ART. 45.

Une somme de 20,000 fr. prélevée sur le fonds provenant de la retenue d'un centime, pourra être distribuée en 1864, *en primes d'encouragement pour construction de séchoirs ou appropriation de locaux à cet usage.*

*Ces primes seront accordées d'après les règles posées par
un arrêté spécial que nous prendrons, sur la proposition de
M. le Directeur des tabacs, et qui déterminera les formalités
à remplir par les planteurs, le taux des primes à décerner,
etc., etc.*

Destruction des séchoirs.

Tout planteur qui, antérieurement au présent, a obtenu
une prime pour construction de fanoirs ou de séchoirs,
est obligé, en cas de destruction, de les reconstruire
dans leur état primitif et dans les mêmes dimensions,
sous peine d'être tenu au remboursement de la prime.

Si la destruction a eu lieu par suite d'incendie, ou-
ragan ou autre accident de force majeure, *le planteur
sera déchargé de toute responsabilité.*

Changement de destination.

Si des changements sont survenus dans la destination donnée aux fanoirs et séchoirs, le Directeur
des tabacs nous fera des propositions au sujet des
mesures à prendre contre les propriétaires, qui seront
tenus de restituer, en tout ou en partie, les primes
qu'ils auront reçues.

Dans le cas où, avant l'expiration des cinq années
qui suivront l'obtention de la prime, un planteur
cesserait, soit volontairement, soit par élimination,
de cultiver du tabac pour la Régie, il serait également
tenu de rembourser le montant de la prime.

Après vingt ans de durée d'un séchoir, le propriétaire pourra obtenir l'autorisation d'en disposer comme
il l'entendra : cette autorisation sera accordée par
nous, sur la demande de la partie intéressée et sur
l'avis du Directeur des tabacs.

Inventaire des fanoirs et séchoirs.

Chaque année, le Directeur des tabacs fera faire un
recensement des fanoirs et séchoirs pour lesquels il a été
accordé des primes et constater l'état de chacun d'eux.

CHAPITRE V.

CULTURE POUR L'EXPORTATION.

ART. 46.

Circonscription de la culture pour l'exportation.

La culture du tabac pour l'exportation, conformément aux art. 183 et 202 de la loi du 28 avril 1816, ne pourra avoir lieu que dans les communes des arrondissements de Strasbourg et de Schlestadt, autorisées à planter pour l'approvisionnement des manufactures impériales et spécialement désignées au tableau ci-annexé page 57.

Le même cultivateur pourra à la fois planter pour la Régie et pour l'exportation, moyennant deux déclarations préalables et distinctes faites pour des pièces de terre entières, la même pièce ne pouvant être cultivée partiellement pour les deux destinations.

Délivrance des permis.

Le Préfet délivrera les permis aux planteurs qui seront autorisés à cultiver pour l'exportation.

Il sera dressé en double expédition, des relevés (Mod. n° 3 A) des permis accordés; une expédition conformément à l'art. 11 du présent arrêté sera remise au Directeur des tabacs et l'autre au Directeur des contributions indirectes.

Exclusions.

Les planteurs auxquels la culture pour les manufactures impériales aura été interdite, ne pourront être admis à planter pour l'exportation.

Obligations générales.

Toutes les obligations imposées par le présent règlement aux planteurs de la Régie, sont applicables aux planteurs pour l'exportation, en ce qui concerne le mode d'admission, la plantation, la surveillance, le contrôle, l'établissement des charges et des décharges, *le marquage et la composition des balles*, etc., etc.

ART. 47.

OBLIGATIONS SPÉCIALES.

Importance des plantations.

Il ne sera pas autorisé de plantation au-dessous de 20 ares.

Toutefois, il pourra, par tolérance, être planté en 1864 du tabac sur des pièces d'une contenance inférieure, pourvu qu'elle soit de 10 ares au moins, et que l'ensemble de la culture autorisée représente le minimum de 20 ares dans la même commune.

Cautions.

Les cautions des cultivateurs pour l'exportation demeureront engagées jusqu'à la mise en entrepôt des récoltes, ou, s'il y a exportation immédiate, jusqu'à l'apurement des acquits-à-caution qui auront été délivrés pour l'exportation.

Dessiccation. Emmagasinement.

Non-seulement les tabacs cultivés pour l'exportation doivent être séchés et emmagasinés au domicile des planteurs, mais il est interdit à ces derniers de suspendre ou déposer leurs récoltes dans des maisons, séchoirs ou autres bâtiments qui contiendraient des tabacs cultivés par des planteurs pour l'approvisionnement de la Régie. En cas d'infraction, elle serait constatée par procès-verbal administratif, et le contrevenant serait privé du droit de planter du tabac.

Manoquage.

A partir du 1er janvier 1865, les cultivateurs plantant exclusivement pour l'exportation devront, sous peine d'interdiction, avoir disposé leurs tabacs en manoques composées uniformément de 25 feuilles, afin que les employés de la culture puissent, en tout temps, s'assurer que les charges résultant de l'inventaire sont restées intactes.

Récolements.

Dans le cas où après avoir opéré un premier récolement des quantités de feuilles composant les charges du planteur, les employés reconnaîtraient des excédants, ils en opéreraient la saisie en conformité de l'art. 217 de la loi du 28 avril 1816.

ART. 48.

Cultures mixtes.

Les planteurs qui auront cultivé en même temps pour les manufactures impériales et pour l'exportation, seront tenus de trier, manoquer et botteler, en se conformant aux dispositions de l'article 34, la totalité de leurs récoltes, et de présenter l'ensemble de leurs produits ainsi préparés, au magasin de la Régie dans la circonscription duquel se trouvent situées les communes qu'ils habitent et aux époques qui seront fixées.

Prélèvement pour la Régie.

Le prélèvement de la quantité afférente à la Régie d'après l'importance relative de la culture autorisée pour elle, sera fait sur l'ensemble des produits dont la pesée aura lieu par qualité, séparément. Dans aucun cas, les planteurs qui auront cultivé pour les deux destinations, ne pourront ni refuser de livrer à la Régie la totalité de la portion de récolte qui lui est destinée, ni livrer une portion plus forte, si la demande ne leur en est pas faite.

Les tabacs restant après le prélèvement de la Régie, seront remis à la disposition des cultivateurs, pour être exportés immédiatement, reconduits à leurs domiciles ou mis en entrepôt dans les magasins de l'administration.

Il sera délivré par le receveur buraliste des laissez-passer pour accompagner les tabacs, soit du domicile des cultivateurs au magasin de la Régie, soit de ce magasin au domicile des planteurs, dans le cas prévu par le paragraphe précédent.

ART. 49.

Délais d'exportation.

L'article 206 de la loi du 28 avril 1816 dispose que l'exportation des tabacs sera effectuée avant le 1ᵉʳ août de l'année qui suivra la récolte, à moins que le cultivateur n'ait obtenu de nous, avant cette époque, sur l'avis du Directeur des tabacs, une prolongation qui, en aucun cas, ne pourra dépasser le 1ᵉʳ septembre.

Toute demande de prolongation de délai devra être accompagnée d'un certificat des employés du service de la culture, constatant que la récolte est intacte, lequel certificat sera soumis au visa de l'Inspecteur de la culture et des magasins, qui y consignera ses observations.

Si à l'expiration de ce délai, les tabacs n'ont été ni exportés ni entreposés, ils seront saisis et confisqués, sans préjudice des répétitions de la Régie contre le cultivateur et sa caution à raison des quantités manquantes; le tout en exécution de l'article 207 de la loi précitée.

ART. 50.

Reconnaissance des tabacs au magasin.

Les tabacs devront être apportés au magasin de la Régie préalablement à l'exportation.

Les planteurs devront, à cet effet, prévenir à l'avance l'entreposeur qui indiquera le jour où les tabacs pourront être présentés.

Il sera procédé à leur reconnaissance par les employés; le nombre de feuilles sera vérifié, et le décompte des planteurs sera établi comme il est prescrit par l'art. 41.

Les tabacs seront ensuite pesés, cordés et plombés, en présence des employés des tabacs.

Les dispositions du même article, relatives à la caution fournie en exécution de l'article 202, ne sont applicables qu'au planteur, exportateur immédiat, dont le chargement de tabac en vrac est exclusivement composé de produits de sa propre récolte. En cas de mélange avec d'autres récoltes, il sera tenu, comme tout négociant ou spéculateur, de présenter une caution solvable qui signera avec lui à la souche de l'acquit-à-caution, après avoir été agréée par l'entreposeur.

Expédition en vrac.

Les exportateurs continueront à jouir de la faculté d'expédier en vrac les tabacs destinés à être exportés, par les bureaux de sortie situés dans les départements du Haut-Rhin et du Bas-Rhin, mais à la charge par eux de se conformer rigoureusement aux dispositions suivantes :

Les tabacs chargés en vrac seront enveloppés de deux bâches solides, de dimensions suffisantes, sans pièces et munis d'œillets pratiqués dans le bord de l'étoffe, à l'exclusion d'anneaux en fer ou en corde cousus à cette étoffe.

L'une de ces bâches, étendue dans le fond de la voiture encore vide sera, après l'empilement des tabacs, relevée par ses côtés, à la partie supérieure du chargement complété, et elle y sera fixée par une première ficelle de plombage, courant transversalement d'un œillet à l'autre; la seconde bâche sera placée sur le sommet du chargement, de manière que ses côtés recouvrent ceux de la première et dépassent ceux-ci d'un mètre au moins; les deux côtés de la deuxième bâche seront eux-mêmes arrêtés au-dessous de la voiture par une seconde ficelle de plombage passée d'un œillet à l'œillet opposé.

S'il est fait usage de bâches composées de plusieurs largeurs de toile, les coutures qui règnent sur toute leur longueur devront être retournées vers l'intérieur du chargement, afin qu'on ne puisse les défaire et les refaire sans qu'il en reste extérieurement des traces apparentes

Les planteurs devront, conformément à l'art. 209 de la loi du 28 avril 1816, se munir d'un acquit-à-caution pour accompagner les tabacs jusqu'au point de sortie pour l'Étranger. Cet acquit-à-caution sera délivré par le service des contributions indirectes sur la présentation d'un certificat de vérification et de bâchage dressé par les agents des tabacs.

Toutefois, les tabacs exportés par la voie des chemins de fer pourront être chargés dans des wagons simplement fermés et plombés par la douane, sans bâchage exceptionnel.

Les frais de pesée, de plombage et autres, sont réglés, pour les divers cas, par l'art. 52 du présent arrêté.

L'exportation du plant de tabac est également soumise à la formalité de la pesée et du plombage ainsi qu'à celle de l'acquit-à-caution.

ART. 51.

Feuilles non admissibles en décharge.

Si dans les tabacs présentés au magasin, il se trouve des feuilles qui n'ont pas été comprises dans l'inventaire, les employés ne les admettront pas en décharge; mais en cas de contestation de la part des planteurs, ils lèveront sur les feuilles de l'espèce des échantillons qui seront scellés du cachet de la Régie et de celui du planteur ou de son représentant, sur l'invitation qui lui en sera faite.

Tous les quinze jours, pendant la durée des livraisons, ces échantillons seront soumis à l'examen des commissions d'expertise qui prononceront dans l'objet.

Hors du temps fixé pour les livraisons à la Régie, l'entreposeur et le contrôleur de chaque magasin, assistés d'un membre de la commission d'expertise, qui aura été désigné à cet effet par la majorité de cette commission, statueront une fois par mois, sur le maintien ou l'annulation des rejets contestés.

Les décisions prises seront inscrites et signées sur un registre constatant la levée des échantillons, en marge des articles auxquels elles seront applicables.

Balance des comptes.

Les articles 41, 42, 43, en ce qui concerne la balance des comptes, l'établissement de la valeur des manquants et la suite à leur donner, sont applicables aux cultures pour l'exportation.

ART. 52.

Mise en entrepôt.

Il est établi près le magasin n° 1, à Strasbourg, un entrepôt réel où les planteurs et les négociants sont admis à déposer les tabacs en feuilles indigènes destinés à l'exportation.

Les époques auxquelles les tabacs, provenant de la récolte effectuée dans l'année, pourront être reçus en entrepôt, demeurent, pour les cultures mixtes, subordonnées à la livraison préalable dans les magasins, de la portion afférente aux manufactures impériales. Pour les cultures exclusivement destinées à l'exportation, ces époques *pourront commencer à partir du 1er janvier 1865*.

Les planteurs ou négociants, avant d'effectuer le dépôt de leurs tabacs, devront en prévenir l'entreposeur, comme il est dit à l'art. 50.

A leur entrée dans les magasins, les tabacs seront vérifiés et pesés et il sera procédé à la décharge du compte des feuilles, auxquelles on substituera les quantités pesées ; leur poids et leur espèce seront inscrits sur un registre tenu à cet effet et il sera donné acte du dépôt à l'entrepositaire.

Il sera dressé un acte distinct pour chaque dépôt, chaque expédition et chaque mutation par suite de vente opérée en entrepôt, ainsi que pour la constatation des excédants, déchets et destructions lors de l'épuisement ou du recensement des parties déposées.

En cas de mutation, par vente, d'une partie entière existant déjà en entrepôt, la pesée peut être évitée ; dans tous les autres cas, elle est obligatoire.

Sortie d'entrepôt.

Les formalités prescrites par l'article 50, en ce qui concerne les tabacs exportés immédiatement, sont également applicables à ceux qui ne sont exportés qu'après avoir été entreposés.

Chaque balle de tabac devra être marquée et numérotée, et porter l'indication du poids brut, au moment de la sortie, de la tare et du poids net, le tout, par les soins et aux frais de l'expéditeur. Une série unique et non interrompue de numéros sera affectée à chaque marque.

Quelle que soit la qualité de l'entrepositaire, il est tenu, lorsqu'il fait sortir tout ou partie de ses tabacs de l'entrepôt, de fournir une caution de la solvabilité de laquelle l'entreposeur est seul juge. Cette caution, agréée par lui, devient passible, solidairement avec le principal obligé, du paiement de la valeur des tabacs, calculée au prix *de 4 fr. par kilogramme*, dans le cas où l'acquit-à-caution ne serait pas intégralement déchargé en temps utile.

Décharge des acquits-à-caution.

Cette décharge est constatée, au point de sortie, sur un registre à souches dont l'ampliation est remise à l'exportateur ou à son représentant, en remplacement de l'acquit-à-caution que conservent les agents de la Régie.

L'échange a lieu immédiatement toutes les fois que la décharge est opérée par les employés des contributions indirectes seuls ou avec le concours d'agents étrangers.

Mais lorsque la décharge est opérée exclusivement par les employés des Douanes, l'exportateur, auquel ceux-ci remettent l'acquit-à-caution déchargé, est tenu de le représenter au bureau des Contributions indirectes, pour y être échangé contre un certificat de décharge.

Les tabacs destinés à l'étranger, dont le transport est interrompu dans le trajet à parcourir du bureau d'expédition à celui de sortie, doivent être déclarés en transit.

A cet effet, le conducteur en fera, dans les 24 heures de l'arrivée, la déclaration au buraliste du lieu ou du ressort, lequel, en échange de l'acquit-à-caution qui demeurera entre ses mains jusqu'à la reprise du transport, lui délivrera un permis de transit.

Tarif des frais.

Les exportateurs et entrepositaires seront tenus de payer :

1° Un droit de pesée de 20 centimes par 100 kil. sur toutes les quantités présentées à l'entrepôt pour être exportées immédiatement ; sur celles mises en entrepôt, tant à l'entrée qu'à la sortie et quand il y aura lieu d'en faire le recensement ;

2° Le plombage à raison de 20 cent. par plomb y compris la corde ;

3° Un droit de magasinage fixé à :

20 centimes pour les tabacs mis en entrepôt avant le 1er août de l'année qui suit la récolte ;

40 centimes pour ceux mis en entrepôt après cette époque ;

20 centimes pour les tabacs sous emballage définitif ; par quintal métrique et par mois.

Le droit de magasinage est dû pour toute quantité entrée en entrepôt. Il est calculé sur le total des quantités entreposées pendant le mois courant, en y ajoutant les quantités restant à la fin du mois précédent.

L'exercice, en ce qui concerne les entrepôts, commence le 1er janvier et se divise en 12 mois, courant du 1er au 30 de chaque mois.

Il est bien entendu que le mois pendant lequel les tabacs sont entreposés, est toujours compté pour un mois entier, quelle que soit d'ailleurs l'époque du dépôt aussi bien que de la sortie des matières de l'entrepôt.

Lorsque, dans le courant d'un mois, des ventes et achats ont lieu entre déposants, sans déplacement de magasin, le droit de pesage est toujours dû par l'acheteur, bien qu'il ait été acquitté par le vendeur.

Le droit de magasinage ne sera dû, au contraire, par l'acheteur, qu'à partir du 1er du mois suivant.

Recouvrement des frais.

Le recouvrement des frais sera opéré par le Receveur principal des contributions indirectes, soit sur l'ampliation du registre de pesées, dont il a été fait mention plus haut, soit sur un état fourni par l'entreposeur et visé par l'Inspecteur de la culture et des magasins. La remise des certificats sur lesquels les acquits-à-caution seront délivrés, reste subordonnée à l'acquittement préalable des frais, lesquels sont exigibles immédiatement en ce qui concerne les quantités présentées à l'entrepôt pour être exportées sur-le-champ, et à l'expiration de chaque trimestre, ou à l'époque de leur complète exportation, en ce qui concerne les tabacs entreposés.

En cas de retard dans les paiements des sommes dues, il sera dirigé des poursuites contre les retardataires et, pour sûreté de sa créance, la Régie pourra s'opposer en outre à l'enlèvement des tabacs appartenant aux débiteurs, jusqu'à l'entier acquittement desdites sommes.

Si les tabacs entreposés dans les magasins de la Régie s'avariaient de manière à ne plus offrir une garantie suffisante pour le paiement des frais tant de pesée que de magasinage, le Directeur des tabacs, sur le rapport de l'Inspecteur de la culture et des magasins, après constatation de cette circonstance, en présence de l'entrepositaire ou lui dûment appelé, pourra faire poursuivre, contre ce dernier, le paiement des frais échus jusqu'alors, et exiger que les frais ultérieurs soient acquittés à la fin de chaque trimestre jusqu'à l'entière évacuation des tabacs avariés. En cas de contestation de la part de l'entrepositaire sur l'état des tabacs, il y aurait lieu à expertise contradictoire aux frais de la partie qui succomberait.

Ouverture des magasins.

Les magasins de l'entrepôt seront ouverts aux entrepositaires et à leurs ouvriers, soit pour la réception ou l'expédition de leurs tabacs, soit pour les soins qu'ils auraient à leur donner, pendant les jours et les heures fixées pour le travail dans les ateliers de la Régie.

Les déposants pourront disposer pour la manutention de leurs tabacs, dans l'entrepôt, d'un mètre par 100 kil. Ils les feront soigner à leurs frais, risques et périls, la Régie étant déchargée à cet égard de toute responsabilité.

Toutefois, la discipline intérieure des établissements appartient à l'entreposeur du magasin n° 1 de Strasbourg, lequel pourra exiger le renvoi immédiat de tout surveillant, ouvrier ou ouvrière, qui aurait donné des motifs de plainte.

CHAPITRE VI.

DISPOSITIONS GÉNÉRALES.

ART. 53.

Recherches au domicile des planteurs.

Après l'expiration des délais fixés pour la livraison et l'exportation ou la mise en entrepôt des tabacs, les employés du service de culture se rendront au domicile des planteurs et feront les recherches nécessaires dans

les granges, séchoirs, maisons d'habitation et dépen-
dances, afin de vérifier s'ils n'ont pas conservé illicite-
ment des tabacs.

Les planteurs éliminés ou qui auraient volontairement renoncé à la culture pour l'année suivante, resteront soumis aux visites des mêmes employés pendant
un mois à partir de la clôture des livraisons.

Les planteurs chez lesquels, contrairement aux dispositions de l'art. 217 de la loi du 28 avril 1816, il sera
trouvé des tabacs, deviendront passibles des peines
prononcées par l'art. 218 et seront en outre privés de
la culture.

ART. 54.

Vols de tabac.

En cas de vol de tabacs commis chez un planteur,
celui-ci devra en faire immédiatement sa déclaration tant
au Maire qu'aux agents du service de la culture, chargés
de la surveillance de sa commune, qui, après avoir
pris, de concert avec ce magistrat, toutes les informations propres à faire juger de l'exactitude de la déclaration, en dresseront procès-verbal, sans frais, lequel
nous sera adressé, sur-le-champ, par le Maire, pour
être transmis à M. le Directeur des tabacs, à l'effet de
faire prendre telles autres informations qu'il jugera
convenables.

Ce procès-verbal et la feuille contenant les renseignements recueillis postérieurement, s'il y a lieu,
seront annexés au compte d'inventaire, et nous seront
envoyés ultérieurement, avec le rôle des manquants,
pour être soumis au Conseil de préfecture, qui statuera
sur le dégrèvement à accorder.

ART. 55.

Motifs d'interdiction.

Pourront être punies de l'interdiction de culture,
pour une ou plusieurs années selon la gravité des
faits, indépendamment des peines pécuniaires encou-
rues, toutes les contraventions tant aux dispositions
de la loi du 28 avril 1816, qu'à celles du présent
règlement, constatées par procès-verbaux judiciaires
ou administratifs, et commis notamment dans l'un des
cas désignés ci-après :

1° Pour plantation au-dessous de 5 ou de 10 ares en
une pièce, *et pour culture de moins de 10 ou de 20 ares
dans la même commune, suivant la distinction pour la Régie
ou pour l'exportation ; pour plantation de moins de 33,000 pieds
par hectare (art. 1er, 47 du règlement et 180 de la loi).*

2° Pour plantations et semis faits sans autorisation (art. 3, 13, 16 du règlement et 180 de la loi);

3° Pour refus d'exercice et opposition à l'entrée des employés de la culture dans les séchoirs, maisons d'habitation, etc. (art. 5, 53 du règlement et 235 de la loi);

4° Pour plantation inférieure en nombre de pieds ou en superficie aux 4/5 des quantités autorisées (art. 6 du règlement);

5° Pour plantation faite par substitution de nom ou de personne (art. 8 du règlement et 180 de la loi);

6° Pour plantation sans déclaration préalable sur d'autres pièces que celles autorisées (art. 8 du règlement et 180 de la loi);

7° *Pour culture non autorisée de porte-graines (art. 15 du règlement) et pour* non-destruction des semis à l'époque fixée (même article du règlement et 180 de la loi);

8° Pour plantation irrégulière (art. 16 du règlement);

9° Pour pieds doubles et jumeaux et pour conservation de plantes intercalaires, après l'époque fixée pour leur destruction (art. 16 du règlement et 180 de la loi);

10° Pour retard de la transplantation au delà des délais fixés (art. 17 du règlement);

11° Pour défaut de nettoiement, d'épamprement et d'ébourgeonnement (art. 18 du règlement);

12° Pour conservation de bourgeons écimés (art. 18 du règlement et 180 de la loi);

13° Pour excédant de plantation de plus d'un cinquième, soit sur la quantité de terre, soit sur le nombre de pieds (art. 24 du règlement et 193 de la loi);

14° Pour remplacement de pieds manquants ou plantation après le premier inventaire (art. 26 du règlement et 180 de la loi);

15° Pour destruction de plantes avariées hors de la présence des employés (art. 26 du règlement);

16° Pour récolte de feuilles avant l'inventaire et non-destruction des feuilles d'épamprement ou de regain (art. 28 du règlement);

17° Pour détention de tabac avant l'inventaire (art. 28 du règlement et 217 de la loi);

18° Pour non-destruction des tiges et souches (art. 31 du règlement et 196 de la loi);

19° Pour dépôt sans autorisation des tabacs hors du domicile des planteurs (art. 32 du règlement et 217 de la loi);

20° Pour défaut de triage et de manoquage (art. 34 du règlement);

21° Pour conservation de tabacs après l'époque fixée
pour la livraison ou l'exportation (art. 36, 49, 53 du
règlement et 217 de la loi);

22° Pour livraison de tabacs préparés ou humectés
frauduleusement (art. 39 du règlement);

23° Pour présentation à la livraison de feuilles d'é-
pamprement ou autres non inventoriées (art. 40 du
règlement);

24° Pour manquants constatés lors de la livraison
et de l'exportation (art. 41 du règlement et 199 de la
loi);

25° Pour fausse déclaration de vol de tabacs, faite
dans le but de couvrir des manquants frauduleux
(art. 54 du règlement).

Les planteurs à la charge desquels aura été constaté
l'un des faits emportant interdiction de la culture,
pourront nous exposer les réclamations qu'ils auraient
à faire valoir.

En ce qui concerne les contraventions constatées par
procès-verbaux administratifs, le délai du pourvoi
sera d'un mois à dater de la notification desdits actes;

Par procès-verbaux judiciaires, le délai, également
d'un mois, courra de la date de la transaction ou de
la signification du jugement.

Toute transaction consentie par la Régie à la suite
d'une contravention à la loi, produira, pour l'interdiction de culture, les mêmes effets qu'un jugement
rendu contre le délinquant.

ART. 56.

Assistance à prêter aux employés.

Les autorités civiles et militaires et la force publique
prêteront, en exécution des prescriptions de l'art. 246
de la loi du 28 avril 1816, aide et assistance aux employés pour l'exercice de leurs fonctions toutes les fois
qu'elles en seront requises.

MM. les Sous-préfets, les Maires, le Directeur des
tabacs et l'Inspecteur de la culture et des magasins,
sont chargés, chacun en ce qui le concerne, d'assurer
l'exécution du présent arrêté, qui sera publié, imprimé
en placard et affiché dans toutes les communes à culture
du département, et lu entièrement, par les Maires ou
adjoints, pendant trois dimanches successifs, à l'issue
du service divin.

Il sera de plus inséré au Recueil des actes de la Préfecture, et MM. les Maires des communes où la culture n'est pas autorisée sont chargés de prévenir, par publication, leurs administrés de cette interdiction et de leur donner connaissance des articles 3, 19 et 20 concernant la destruction des plantations illicites en les avertissant que cette infraction de leur part les exposerait aux peines et amendes prononcées par la loi du 28 avril 1816.

Fait à Strasbourg, en l'hôtel de la Préfecture, le 18 décembre 1863.

S. MIGNERET.

TABLEAU

des communes du département du Bas-Rhin dans lesquelles la culture du tabac est autorisée en 1864.

Verzeichniß der Gemeinden des niederrheinischen Departements in welchen der Tabakbau im Jahr 1864 ermächtigt ist.

Nota. Les communes marquées d'un astérisque ne sont autorisées à planter du tabac que pour l'approvisionnement des manufactures impériales.

ARRONDISSEMENT DE STRASBOURG.

Achenheim.
Altorf.
*Batzendorf.
*Behlenheim.
Bernolsheim.
*Berstett.
*Berstheim.
Bietlenheim.
*Bilwisheim.
Bischheim.
Blæsheim.
Brumath.
Bruschwickersheim.
*Cosswiller.
Dachstein.
*Dalhunden.
*Dauendorf.
*Dingsheim.
*Donnenheim.
Dorlisheim.
*Drusenheim.
Düppigheim.
*Dürningen.
Düttlenheim.
Eckbolsheim.
Eckwersheim.
Entzheim.
*Ergersheim.
Ernolsheim.
Eschau.
Fegersheim.
*Fessenheim.
*Forstfeld.
*Fort-Louis.
*Fürdenheim.
*Gambsheim.
Geispolsheim.
Geudertheim.
*Gimbrett.
*Gougenheim.
Gries.
Griesheim (Truch.).
*Haguenau.
*Handschuheim.
Hangenbieten.
Herlisheim.
*Hochstett.
*Hœnheim.
Hœrdt.
Holtzheim.
*Hürtigheim.
*Hüttendorf.
Ichtratzheim.
Illkirch.
*Ittenheim.
*Ittlenheim.
*Kienheim.
*Kilstett.
*Kirchheim.
*Kleinfrankenheim.
Kolbsheim.
Kriegsheim.
Kurtzenhausen.
*Küttolsheim.
*Lampertheim.
*Leutenheim.
Lingolsheim.
Lipsheim.
*Marlenheim.
Mittelhausbergen.
*Mittelschæffolsheim.
*Molsheim.
*Mommenheim.
Mundolsheim.
*Neugartheim.
Niederhausbergen.
*Niederschæffolsheim.
*Nordheim.
Oberhausbergen.
Oberschæffolsheim.
*Offendorf.
*Offenheim.
*Ohlungen.
*Olwisheim.
Ostwald.
*Pfettisheim.
*Pfulgriesheim.
Plobsheim.
Reichstett.
*Reitwiller.
*Reschwoog.
*Rohr.
*Roppenheim.
Rottelsheim.
*Rumersheim.
*Schiltigheim.
*Schnersheim.
*Schweighausen.
*Sessenheim.
*Souffelweyersheim.
*Soufflenheim.
*Soultz-les-Bains.
*Stattmatten.
Strasbourg.
Stützheim.
*Trachtersheim.
*Uhlwiller.
Vendenheim.
*Wangen.
*Wantzenau (la).
*Wasselonne.
Weitbruch.
Weyersheim.
*Willgottheim.
*Wintershausen.
*Wittersheim.
*Wiwersheim.
*Wœllenheim.
Wolfisheim.

ARRONDISSEMENT DE SAVERNE.

*Alteckendorf.
*Bossendorf.
*Bouxwiller.
*Bueswiller.
*Dettwiller.
*Duntzenheim.
*Ettendorf.
*Friedolsheim.
*Furchhausen.
*Gingsheim.
*Grassendorf.
*Hochfelden.
*Hohatzenheim.
*Hohengœft.
*Hohfranckenheim.
*Ingenheim.
*Jetterswiller.
*Kirrwiller.
*Landersheim.
*Littenheim.
*Lixhausen.
*Lupstein.
*Marmoutier.
*Melsheim.
*Minwersheim.
*Mittelhausen.
*Munswiller.
*Mutzenhausen.

*Pfaffenhoffen.
*Rangen.
*Ringendorf.
*Sæssolsheim.
*Schaffhausen (Hochf.).
*Schalkendorf.

*Schwindratzheim.
*Waldolwisheim.
*Waltenheim.
*Wickersheim.
*Wilwisheim.
*Wingersheim.

Rossfeld.
Saasenheim.
Sand.
Schæffersheim.
*Scherwiller.
Schlestadt.
Schœnau.
*Schwobsheim.
Sermersheim.

Stotzheim.
Sundhausen.
Uttenheim.
Valff.
Westhausen (E.).
Witternheim.
Wittisheim.
Zellwiller.

ARRONDISSEMENT DE SCHLESTADT.

Artolsheim.
Baldenheim.
Benfeld.
Bindernheim.
Bischoffsheim.
Bœsenbiesen.
Bolsenheim.
Booftzheim.
Bootzheim.
Burgheim.
*Châtenois.
*Dambach (B.).
*Daubensand.
Diebolsheim.
Ebersheim.
Ebersmünster.
Elsenheim.
Epfig.
Erstein.
Friesenheim.
Gerstheim.
Gertwiller.
Goxwiller.
Griesheim (Rosh.).
Heidolsheim.
Herbsheim.
Hessenheim.

Hilsenheim.
Hindisheim.
Hipsheim.
Hüttenheim.
Innenheim.
Kertzfeld.
*Kintzheim.
Kogenheim.
Krautergersheim.
Limersheim.
*Mackenheim.
*Marckolsheim.
Matzenheim.
Meistratzheim.
Mussig.
Müttersholtz.
Niedernai.
Nordhausen.
Obenheim.
Obernai.
Ohnenheim.
*Orschwiller.
Osthausen.
Pierre (Saint-).
Rhinau.
Richtolsheim.
Rosheim.

ARRONDISSEMENT DE WISSEMBOURG.

*Altenstatt.
*Aschbach.
*Beinheim.
*Birlenbach.
*Cléebourg.
*Drachenbronn.
*Dürrenbach.
*Eschbach.
*Forstheim.
*Gunstett.
*Hatten.
*Hoffen.
*Hohwiller.
*Hunspach.
*Ingolsheim.
*Kühlendorf.
*Kutzenhausen.
*Lauhach.
*Lauterbourg.
*Lobsann.
*Memmelshoffen.
*Morsbronn.
*Mothern.
*Néewiller.
*Niederbetschdorf.
*Niederlauterbach.

*Niederrœdern.
*Niederséebach.
*Oberbetschdorf.
*Oberdorf.
*Oberlauterbach.
*Oberrœdern.
*Oberséebach.
*Reichshoffen.
*Reimerswiller.
*Retschwiller.
*Rittershoffen.
*Salmbach.
*Schaffhausen.
*Scheibenhard.
*Schleithal.
*Schœnenbourg.
*Schwabwiller.
*Seltz.
*Siegen.
*Soultz-sous-Forêts.
*Steinseltz.
*Stundwiller.
*Surbourg.
*Trimbach.
*Walbourg.
*Wintzenbach.

Tabacs. — Déclarations de culture pour l'année 1864.

Arrêté.

Nous PRÉFET DU BAS-RHIN, siégeant en Conseil de Préfecture,

Présents : MM. MICHAUX-BELLAIRE, DAVIEL et TRAUT, conseillers ;

Vu la loi du 28 avril 1816 et celle du 22 juin 1862 ;

Vu les propositions de M. le Directeur des tabacs à Strasbourg, concernant la réception des déclarations pour la culture du tabac en 1864 ;

Le Conseil de Préfecture entendu ;

ARRÊTONS :

ARTICLE PREMIER.

Les déclarations pour la culture du tabac en 1864, seront faites aux jours indiqués dans le tableau annexé au présent arrêté.

Elles seront reçues depuis huit heures du matin jusqu'à trois heures du soir dans les mairies des communes autorisées à planter du tabac, avec le concours et l'assistance de MM. les Maires, par les employés du service de la culture désignés à cet effet.

Les déclarations seront inscrites sur des registres distincts, selon que la culture sera destinée à l'approvisionnement des manufactures impériales, ou à l'exportation. Ces registres (modèles n°° 1 et 1ᴬ) seront fournis par l'administration des tabacs, cotés et paraphés par nous ou par MM. les Sous-préfets.

Art. 2. Il ne doit pas, aux termes de l'article 180 de la loi du 28 avril 1816, être fait de déclaration pour moins de 20 ares en une seule pièce de terre.

Cependant, en ce qui concerne la culture pour les manufactures impériales, il pourra, par exception et conformément à la Décision ministérielle du 9 septembre 1863, prise en exécution de la loi du 22 juin 1862, être reçu des déclarations pour des pièces d'une contenance inférieure, pourvu qu'elles ne soient pas au-dessous de cinq ares, et que l'ensemble de la déclaration représente au moins 10 ares dans la même commune.

Quant à la culture pour l'exportation, le minimum de contenance des pièces déclarées pourra être réduit à 10 ares, mais à la condition que l'ensemble de la déclaration représente au moins 20 ares également dans la même commune.

La quantité de pieds à déclarer sera de 33,000 à 40,000 par hectare, non compris le cinquième d'excédant toléré par la loi.

Art. 3. Les déclarants devront se présenter en personne, à moins d'empêchement légitime. Dans ce dernier cas, ils pourront se faire suppléer par un tiers auquel ils donneront, au moyen de la formule imprimée au dos du certificat dont il sera fait mention à l'article 4

ci-après, pouvoir spécial à l'effet de signer leurs déclarations.

Ils devront justifier qu'ils sont propriétaires ou fermiers, en vertu de titres légaux, des terres déclarées
que ces terres n'appartiennent pas à des planteurs interdits; ou, dans le cas contraire, qu'ils en étaient
fermiers par baux authentiques avant l'interdiction du
propriétaire. Les titres de propriété pourront être rem-
placés par un extrait de la matrice du rôle de la contribution foncière, certifié par le maire quant à la
possession des terres.

Art. 4. Ne seront admis que les déclarants reconnus
solvables, et qui pourront fournir une caution pour
la garantie de leurs engagements.

La solvabilité des déclarants et des cautions sera suffi-
samment établie par la justification qu'ils paient une
contribution foncière égale à 50 c. par are déclaré
pour la culture du tabac.

La même caution pourra être présentée pour plusieurs déclarants, mais en justifiant d'une somme de
contribution foncière répondant, d'après la base établie
ci-dessus, à l'ensemble des cultures déclarées.

La caution se soumettra conjointement et solidairement avec le déclarant, à être poursuivie dans les
formes prescrites par les articles 200 et 213 de la loi
du 28 avril 1816:

1° Pour toute espèce de fraude ou de contravention que
le planteur aurait commise relativement à sa culture;

2° Pour les quantités manquant aux charges du
planteur.

Les déclarants et leurs cautions, chacun en ce qui
les concerne, devront remettre aux employés chargés
de la réception des déclarations:

1° Un certificat délivré par le Maire de leur commune, indiquant le numéro de la maison du déclarant,
la désignation des pièces de terre sur lesquelles ce dernier se propose d'effectuer ses plantations, leur contenance relevée sur la matrice cadastrale et leur numéro
d'ordre dans les sections de ladite matrice. Le Maire
attestera, en outre, que le planteur est propriétaire ou
fermier des pièces déclarées par lui.

Des formules imprimées de ce certificat seront four-
nies à MM. les Maires, auxquels il est recommandé d'en
remplir avec exactitude toutes les indications.

2° Le dernier avertissement des contributions directes
qui leur a été délivré, ou, à défaut de cette pièce,
un certificat du percepteur constatant la somme de la
contribution foncière actuellement à leur charge.

Art. 5. A défaut des justifications qui viennent d'être
prescrites, ou de l'une d'elles, comme aussi dans le
cas où des contraventions entraînant l'interdiction de
culture auraient été constatées à la charge des planteurs par procès-verbaux réguliers, les déclarations

seront reportées sur un état spécial ouvert pour chaque commune, par les employés chargés de recevoir les déclarations.

Cet état présentera le relevé exact de la déclaration et l'on y consignera les causes qui pourraient motiver le refus du permis, par l'une des annotations suivantes:

«N'a pas présenté son dernier avertissement des contributions directes ou un certificat du percepteur;»

«N'a pas justifié de son titre de propriétaire ou de fermier;»

«N'a pas fourni de caution;»

«La caution n'a pas été admise faute de remplir les conditions exigées.»

Notification en sera faite par les employés au planteur, qui sera invité à le reconnaître par l'apposition de sa signature.

L'état, certifié ensuite par le contrôleur de culture et visé par l'inspecteur de la culture et des magasins, sera annexé aux relevés des déclarations. (Modèles n° 2 et 2 ᴬ).

Art. 6. Les déclarations énonceront exactement les noms, prénoms, surnoms et domicile des cultivateurs déclarants, la désignation, la situation et la contenance de chaque pièce de terre, le nombre de pieds à planter d'après la base fixée par l'article 2 du présent arrêté, et la distance qu'ils auront entre eux. Elles indiqueront en outre les tenants et aboutissants de chacune des pièces déclarées.

Art. 7. Il est expressément défendu d'indiquer comme réunies et ne formant qu'une seule pièce les plantations subdivisées. Ne peuvent être considérées comme formant une même pièce les portions de terrain séparées les unes des autres par des obstacles continus, tels que chemins ou sentiers publics, haies et ruisseaux, ou par une étendue quelconque de terrain avec ou sans culture, lors même qu'elle appartiendrait au même propriétaire.

Art. 8. Toute association pour une même déclaration ou une même culture, est interdite.

Les déclarations reconnues fausses en quelque partie que ce puisse être, donneront lieu à la rédaction d'un procès-verbal administratif, et seront considérées comme nulles.

Les déclarations seront définitives et obligatoires, elles porteront engagement par les déclarants de se conformer aux dispositions réglementaires à intervenir pour la culture de 1864.

Art. 9. MM. les Maires, de concert avec les employés préposés à la réception des déclarations, arrêteront les registres sur lesquels ces dernières auront été inscrites, le soir du dernier jour assigné à chaque commune, par un acte constatant le nombre des déclarations reçues et la superficie des terres à planter en tabac.

Aucune déclaration ne pourra être reçue après la clôture des registres.

Art. 10. Les registres clos et arrêtés, comme il est dit à l'article précédent, seront remis par M. le Directeur des tabacs, qui nous les transmettra en ce qui concerne l'arrondissement de Strasbourg, et à MM. les Sous-préfets en ce qui concerne les autres arrondissements.

Immédiatement après la réception de ces registres, il sera dressé à la Préfecture ou aux Sous-préfectures, par commune et par destination de culture, des relevés des déclarations reçues :

Pour la culture destinée aux manufactures impériales, ces relevés (modèle n° 2) seront établis en double expédition; l'une sera conservée dans les bureaux de la Préfecture ou des Sous-préfectures, et l'autre sera remise au directeur des tabacs;

Pour la culture d'exportation, les mêmes relevés (modèle n° 2 A) seront établis en triple expédition; l'une sera conservée dans les bureaux de la Préfecture ou des Sous-préfectures, et les deux autres seront remises au directeur des tabacs et au directeur des douanes et des contributions indirectes.

Déclarations de semis.

Art. 11. Les cultivateurs qui seront autorisés à planter du tabac auront la faculté d'établir des semis, mais à la charge d'en faire la déclaration préalable en même temps que celle de leur culture.

Les déclarations de semis devront contenir : 1° la description exacte des emplacements destinés à recevoir les semis; 2° leur importance en nombre et leur superficie en mètres carrés.

Exceptionnellement, et dans les communes à culture seulement, les cultivateurs qui ne seront pas planteurs de tabac, pourront être autorisés par nous à établir des semis, en 1864, à charge aussi d'en faire la déclaration, et de se soumettre aux visites et à la surveillance des employés du service de culture.

Cette autorisation, toutefois, ne sera point accordée à des planteurs interdits.

Les déclarations de semis seront reçues sur des registres spéciaux préparés à cet effet. Ces registres seront conservés par M. l'inspecteur de la culture et des magasins.

Art. 12. MM. les Sous-préfets, les Maires, le Directeur des tabacs et l'Inspecteur de la culture et des magasins sont chargés, chacun en ce qui le concerne, d'assurer l'exécution du présent arrêté, qui sera publié, imprimé en placards, et affiché dans les communes du département autorisées à planter du tabac; il sera lu entièrement par les Maires pendant trois dimanches successifs, à l'issue du service divin.

Fait à Strasbourg, en l'hôtel de la Préfecture, le 5 octobre 1863.

Pour le Préfet en congé :

L'Auditeur au Conseil d'État, Secrétaire général délégué,

Cte DE GUERNON RANVILLE.

TABLEAU présentant la fixation des jours pendant lesquels les déclarations de culture de tabac pour 1864 seront reçues dans le Bas-Rhin.

Verzeichniß welches die Tage festsetzt an welchen die Declarationen für den Tabakbau von 1864 im Niederrhein angenommen werden.

DÉSIGNATION des CANTONS. / Bezeichnung der Kantone.	NOMS des COMMUNES. / Namen der Gemeinden.	INDICATION DES JOURS de réception des déclarations dans chaque mairie depuis 8 heures du matin jusqu'à 3 heures du soir. / Anzeige der Tage der Annahme der Declarationen in jeder Mairie von 8 Uhr Morgens bis 3 Uhr Abends.
	Arrondissement de Strasbourg.	
BISCHWILLER	*Dalhunden	Octobre 22.
	*Drusenheim	Novembre 6.
	*Forstfeld	Octobre 30.
	*Fort-Louis	Novembre 3.
	Herrlisheim	Octobre 23.
	*Leutenheim	— 31.
	*Offendorf	— 24.
	*Reschwoog	— 31.
	*Roppenheim	— 29.
	*Sessenheim	— 23.
	*Soufflenheim	— 26.
	*Stattmatten	— 24.
BRUMATH	Bernolsheim	Novembre 6.
	Bietlenheim	Octobre 22.
	*Bilwisheim	— 28.
	Brumath	— 19, 20, 21.
	*Donnenheim	— 29.
	Eckwersheim	— 30, 31.
	*Gambsheim	— 27, 28.
	Geudertheim	— 23, 25, 26, 27, 28.
	Gries	— 21, 22.
	Hœrdt	— 30, 31.
	*Kilstett	— 26.
	Kriegsheim	— 31.
	Kurtzenhausen	— 19, 20.
	*Mittelschæffolsheim	— 27.
	*Mommenheim	Novembre 4, 5.
	*Olwisheim	Octobre 26.
	Rottelsheim	Novembre 3.
	Vendenheim	Octobre 19, 20, 21. 30, 31.
	Wantzenau (la)	Novembre 3, 4.
	Weyersheim	Octobre 29, 30, 31. Novembre 3, 4, 5.
GEISPOLS-HEIM.	Blæsheim	Octobre 26, 27, 28.
	Duppigheim	— 25, 26, 27.
	Düttlenheim	— 22, 23.
	Entzheim	— 29, 30, 31.
	Eschau	— 31. Novembre 3, 4.
	Fegersheim	Octobre 19, 20, 21, 22, 23, 24, 26.
	Geispolsheim	— 19, 20, 21, 22, 23, 24.
	Holtzheim	Novembre 5, 6.
	Ichtratzheim	Octobre 28.
	Illkirch	Novembre 3.
	Lingolsheim	Octobre 29, 30.
	Lipsheim	— 27, 28, 29, 30.
	Ostwald	— 31.
	Plobsheim	— 29.
HAGUENAU.	*Batzendorf	Octobre 31.
	*Berstheim	Novembre 5.
	*Dauendorf	Octobre 21.
	*Haguenau	— 19.
	*Hochstett	Novembre 4.
	*Hattendorf	Octobre 27.
	*Niederschæffolsheim	— 19.
	*Ohlungen	— 29.
	*Schweighausen	— 20.
	*Uhlwiller	— 28.
	Weitbruch	— 24, 30.
	*Winterhausen	— 30.
	*Wittersheim	Novembre 3.
MOLSHEIM.	Altorf	Octobre 21.
	Dachstein	Novembre 4.
	Dorlisheim	Octobre 31. Novembre 3.
	*Ergersheim	Octobre 30.
	Ernolsheim	— 29.
	*Molsheim	— 19.
	*Soultz-les-Bains	— 20.

DÉSIGNATION des CANTONS.	NOMS des COMMUNES.	INDICATION DES JOURS de réception des déclarations dans chaque mairie depuis 8 heures du matin jusqu'à 3 heures du soir.
SCHILTIG-HEIM.	Achenheim	Octobre 19, 20.
	Bischheim.	— 22.
	Bruschwickersh^eim	— 30, 31.
	Eckbolsheim . . .	— 22, 23.
	Hangenbieten. . .	Novembre 3, 4.
	*Hœnheim	Octobre 24.
	*Ittenheim	— 19.
	Kolbsheim. . . .	— 28.
	*Lampertheim . .	— 22.
	Mittelhausbergen.	— 23.
	Mundolsheim . .	— 25.
	Niederhausbergen	— 26.
	Oberhausbergen .	— 20, 21.
	Oberschæffolsh^eim	— 21, 22.
	Reichstett. . . .	— 29.
	*Schiltigheim. . .	— 19.
	*Souffelweyersheim	— 27, 28.
	Wolfisheim	— 24, 26, 27, 28.
STRASBOURG.	Strasbourg.	Octobre 19, 20, 21.
TRUCHTERS-HEIM.	*Behlenheim . . .	Octobre 27.
	*Berstett	— 28.
	*Dingsheim . . .	— 24.
	*Dürningen. . . .	Novembre 4.
	*Fessenheim. . . .	Octobre 31.
	*Fürdenheim. . .	— 28.
	*Gimbrett	— 29.
	*Gougenheim. . .	Novembre 3.
	Griesheim. . . .	Octobre 23.
	*Handschuheim .	— 29.
	*Hürtigheim . . .	— 20.
	*Ittenheim	— 24.
	*Kienheim	Novembre 4.
	*Kleinfranckenheim	Octobre 26.
	*Kuttolsheim. . .	— 23.
	*Neugartheim . .	Novembre 5.
	*Offenheim. . . .	Octobre 22.
	*Pfettisheim . . .	— 24.
	*Pfulgriesheim. .	— 23.
	*Reitwiller. . . .	Novembre 5.
	*Rohr	— 6.
	*Rumersheim . . .	Octobre 27.
	*Schnersheim . .	— 30.
	Stutzheim . . .	— 21.
	*Truchtersheim . .	— 29.
	*Willgottheim . .	— 28.
	*Wiwersheim . .	— 26.
	*Wœllenheim . .	— 27.
WASSE-LONNE.	*Cosswiller. . . .	Octobre 20.
	*Kirchheim. . . .	Novembre 3.
	*Marlenheim. . .	Octobre 19.
	*Nordheim. . . .	— 22.
	*Wangen.	Novembre 6.
	*Wasselonne. . .	Octobre 21.

DÉSIGNATION des CANTONS.	NOMS des COMMUNES.	INDICATION DES JOURS de réception des déclarations dans chaque mairie depuis 8 heures du matin jusqu'à 3 heures du soir.

Arrondissement de Saverne.

DÉSIGNATION des CANTONS.	NOMS des COMMUNES.	INDICATION DES JOURS
BOUXWILLER.	*Bouxwiller	Octobre 31.
	*Buswiller.	Novembre 3.
	*Kirrwiller.	Octobre 23.
	*Pfaffenhoffen . . .	— 22.
	*Schalkendorf . .	— 26.
HOCHFELDEN	*Alteckendorf . . .	Novembre 6.
	*Bossendorf	— 4.
	*Duntzenheim . . .	Octobre 28.
	*Ettendorf	Novembre 4.
	*Friedolsheim . . .	Octobre 22.
	*Gingsheim. . . .	— 24.
	*Grassendorf. . . .	Novembre 5.
	*Hochfelden	Octobre 19.
	*Hohatzenheim . .	— 20.
	*Hohfranckenheim.	— 23.
	*Ingenheim. . . .	— 27.
	*Lixhausen. . . .	Novembre 5.
	*Melsheim	Octobre 27.
	*Minversheim . .	— 19.
	*Mittelhausen . .	— 21.
	*Mutzenhausen . .	— 22.
	*Ringendorf . . .	Novembre 6.
	*Sæssolsheim . . .	Octobre 29.
	*Schaffhausen . .	— 26.
	*Schwindratzheim .	— 20.
	*Waltenheim. . . .	— 21.
	*Wickersheim . . .	Novembre 3.
	*Wilwisheim. . . .	Octobre 26.
	*Wingersheim . .	— 27.
MARMOUTIER	*Hohengœft . . .	Octobre 29.
	*Jetterswiller . . .	— 30.
	*Landersheim . . .	— 30.
	*Marmoutier. . . .	— 31.
	*Rangen	— 28.
SAVERNE . .	*Dettwiller. . . .	Octobre 24.
	*Furchhausen . . .	— 20.
	*Littenheim	— 21.
	*Lupstein	— 23.
	Monswiller . . .	— 24.
	*Waldolwisheim .	— 19.

Arrondissement de Schlestadt.

DÉSIGNATION des CANTONS.	NOMS des COMMUNES.	INDICATION DES JOURS
BARR	*Dambach	Octobre 24.
	Epfig	— 19, 20, 21.
	Gertwiller. . . .	— 31.
	Saint-Pierre. . .	— 22.

DÉSIGNATION des CANTONS	NOMS des COMMUNES	INDICATION DES JOURS de réception des déclarations dans chaque mairie depuis 8 heures du matin jusqu'à 3 heures du soir.
BENFELD	Benfeld	Octobre 19.
	Boofzheim	— 27, 28.
	Ebersmunster	— 25.
	Friesenheim	— 20, 21.
	Herbsheim	— 26.
	Huttenheim	— 20, 21, 22.
	Kertzfeld	— 23, 24.
	Kogenheim	— 31. Novemb. 3, 4, 5.
	Matzenheim	Octobre 19, 20.
	Rhinau	— 19.
	Rossfeld	— 23, 24.
	Sand	— 21, 22.
	Sermersheim	— 26, 27, 28, 29, 30.
	Stotzheim	— 23, 24, 26.
	Witternheim	— 22.
ERSTEIN	Bolkenheim	Octobre 30, 31.
	*Daubensand	— 31.
	Erstein	— 19, 20, 21, 22, 23, 24, 25, 26, 27, 28, 29.
	Gerstheim	Novembre 3.
	Hindisheim	Octobre 19, 20, 21, 22, 23.
	Hipsheim	— 24, 26, 27.
	Limersheim	— 30, 31. Novemb. 3.
	Nordhausen	Octobre 30, 31. Novembre 3, 4, 5.
	Obenheim	Octobre 29, 30.
	Osthausen	— 23, 24, 26.
	Schæffersheim	Novembre 3, 4, 5.
	Uttenheim	Octobre 27, 28, 29.
	Westhausen	— 27, 28, 29, 30.
MARCKOLS-HEIM.	Artolsheim	Octobre 20, 21, 22.
	Baldenheim	— 26, 27, 28.
	Bindernheim	— 23, 24.
	Boesenbiesen	Novembre 3.
	Bootzheim	Octobre 23.
	Diebolsheim	— 21, 22.
	Elsenheim	— 27.
	Heidolsheim	— 30, 31.
	Hessenheim	— 19.
	Hilsenheim	— 26, 27, 28, 29, 30.
	*Mackenheim	— 24.
	*Marckolsheim	— 26.
	Mussig	— 29, 30.
	Muttersholtz	— 26, 27, 28, 29.
	Ohnenheim	— 28, 29.
	Richtolsheim	Novembre 5.
	Saasenheim	— 3.
	Schœnau	— 6.
	*Schwobsheim	— 4.
	Sundhausen	Octobre 19, 20.
	Wittisheim	— 30, 31.
OBERNAI.	Burgheim	Octobre 26.
	Goxwiller	— 24.
	Innenheim	Novembre 4, 5, 6.
OBERNAI. (Suite).	Krautergersheim	Octobre 26, 27, 28, 29.
	Meistratzheim	— 19, 20, 21, 22, 23, 24.
	Niedernai	— 20, 21, 22, 23, 24, 26.
	Obernai	— 19.
	Valf	— 19, 20, 21, 22, 23.
	Zeilwiller	— 27, 28, 29, 30.
ROSHEIM	Bischoffsheim	Octobre 27.
	Griesheim	— 29, 30, 31. Nov. 3.
	Rosheim	Octobre 28.
SCHLESTADT.	*Châtenois	Octobre 23.
	Ebersheim	— 19, 20, 21, 22, 23.
	*Kintzheim	— 22.
	*Orschwiller	— 24.
	*Scherwiller	— 31.
	Schlestadt	— 19, 20.

Arrondissement de Wissembourg.

DÉSIGNATION des CANTONS	NOMS des COMMUNES	INDICATION DES JOURS
LAUTER-BOURG.	*Lauterbourg	Octobre 19.
	*Néewiller	— 31.
	*Niederlauterbach	— 27, 28, 29, 30.
	*Salmbach	— 23, 24, 26.
	*Scheibenhard	— 20.
	*Schleithal	— 21, 22.
NIEDER-BRONN.	*Reichshoffen	Novembre 6.
SELTZ.	*Aschbach	Octobre 28.
	*Beinheim	— 28.
	*Mothern	— 24.
	*Niederrœdern	— 27.
	*Niederséebach	— 29.
	*Oberlauterbach	— 23.
	*Oberséebach	— 31.
	*Schaffhausen	— 20.
	*Seltz	— 19.
	*Siegen	Novembre 4.
	*Stundwiller	— 5.
	*Trimbach	— 6.
	*Wintzenbach	Octobre 22.
SOULTZ-s.-FORÊTS.	*Birlenbach	Octobre 28.
	*Drachenbronn	Novembre 4.
	*Hatten	Octobre 24, 26.
	*Hoffen	— 20.
	*Hohwiller	— 24.
	*Hunspach	— 30.

DÉSIGNATION des CANTONS.	NOMS des COMMUNES.	INDICATION DES JOURS de réception des déclarations dans chaque mairie depuis 8 heures du matin jusqu'à 3 heures du soir.
Seltz-s.-Forêts. (Suite.)	*Ingolsheim . . .	Octobre 29.
	*Kuhlendorf . . .	— 23.
	*Kutzenhausen . .	— 22.
	*Lobsann	Novembre 5.
	*Memelshoffen . .	— 6.
	*Niederbetschdorf.	Octobre 24, 26.
	*Oberbetschdorf .	— 30.
	*Oberroedern . . .	— 27.
	*Reimerswiller . .	Novembre 3.
	*Retschwiller . .	Octobre 31.
	*Rittershoffen . .	— 24.
	*Schœnenbourg . .	— 30.
	*Schwabwiller . .	— 31.
	*Soultz-s.-Forêts .	— 19.
	Surbourg	— 19, 20.
Wissembourg.	*Altenstatt	Octobre 26.
	*Cleebourg	Novembre 3.
	*Steinseltz	Octobre 27.

DÉSIGNATION des CANTONS.	NOMS des COMMUNES.	INDICATION DES JOURS de réception des déclarations dans chaque mairie depuis 8 heures du matin jusqu'à 3 heures du soir.
Wœrth-s.-Sauer.	*Dürrenbach	Octobre 27.
	*Eschbach	— 22, 23.
	*Forstheim	— 26.
	*Gunstett	— 29.
	*Laubach	— 21.
	*Morsbronn	— 28.
	*Oberdorf	Novembre 4.
	*Walbourg	Octobre 21.

Nota. Les communes marquées d'un astérisque ne sont autorisées à planter que pour l'approvisionnement des manufactures impériales.

Strasbourg, le 23 septembre 1863.

Le Directeur,
BUISSON.

Approuvé :

Pour le Préfet du Bas-Rhin en congé :

L'Auditeur au Conseil d'État, Secrétaire général délégué,
Comte DE GUERNON RANVILLE.

TABLE.